초등학생이 꼭 알아야 할

세계문화유산 이야기

초등학생이 꼭 알아야 할

세계문화유산 이야기

류재만 · 김지영 · 이예진 · 한소현 · 한수민 공저

교육과학사

머리말

세계문화유산은 아주 오래전부터 사람들에게 전해 내려온 소중한 보물이에요. 돌로 만든 탑이나 성, 동굴에 그려진 그림, 옛날 사람들이 살던 마을이나 궁궐 같은 것이 모두 세계문화유산이지요. 이 유산들은 시간의 흐름 속에서 수많은 사람의 손길과 발자국을 간직하고 있어요. 오래된 건물 한 채에도 수백 년 동안 이어진 삶과 희망이 담겨 있고, 그림 한 점에도 사람들의 마음, 생각, 믿음, 그리고 꿈이 스며 있어요. 그래서 세계문화유산은 단순히 '오래된 것'이 아니라 과거와 현재, 그리고 미래를 이어 주는 연결고리와 같은 존재예요. 이런 보물들은 어느 한 나라만의 소유가 아니라, 전 세계 사람들이 함께 아끼고 지켜야 할 소중한 문화의 흔적이에요. 왜냐하면 세계문화유산 안에는 사람들이 어떻게 살아왔는지, 무엇을 소중히 여기고 어떤 마음으로 세상을 바라보았는지, 그 모든 이야기가 고스란히 담겨 있기 때문이에요.

이 책 『초등학생이 꼭 알아야 할 세계문화유산 이야기』는 여러분이 위대한 문화유산을 쉽고 재미있게 만날 수 있도록 만든 책이에요. 교육대학교에서 박물관교육을 연구하는 교수님과 지금 학교에서 아이들을 가르치고 있는 선생님들이 함께 머리를 맞대고 만들었어요. "아이들이 정말 궁금해할 만한 이야기일까?", "보는 순간 상상해 보고 싶어질까?" 같은 질문을 반복하면서요. 책 속에는 구석기 시대 사람들이 동굴 벽에 남긴 생생한 생명의 흔적, 알타미라 동굴벽화, 하늘과 땅, 사람과 신비를 잇는 거대한 돌의 무대 스톤헨지, 사막 한가운데서 수천 년 동안 조용히 서서 세월을 지켜온 피라미드와 스핑크스, 그리고 '생각이란 무엇일까?'를 우리에게 묻는 조각 작품 〈생각하는 사람〉까지, 여러 나라와 시대를 넘나드는 50가지 흥미로운 이야기가 담겨 있어요. 여러분은 책을 읽는 동안 세계 곳곳을 여행하듯 유산들을 만나게 될 거예요.

하지만 이 책은 단순히 지식을 전달하는 책이 아니에요. 여러분이 스스로 생각하고, 질문하고, 느껴 보도록 도와주는 책이에요. "누가 만들었을까?", "왜 이런 모양이 되었을까?", "여기에는 어떤 이야기가 숨겨져 있을까?"와 같은 질문을 던지며 천천히 살펴보세요. 때로는 사진 속 작은 부분을 확대해서 보거나, 책 속의 인물이나 동물, 풍경을 마음속에서 그려도 좋아요. 그리고 궁금한 점이 있다면 가족이나 친구, 선생님과 함께 이야기 나눠 보세요. 대화를 나누는 순간 여러분의 생각은 더 깊어지고, 더 넓어질 거예요.

이 책을 통해 옛날 사람들의 삶과 문화를 더 잘 이해할 수 있기를 바랍니다. 그들이 남긴 지혜와 슬기를 배우고, 서로 다른 문화를 가진 사람들을 존중하는 넓은 마음도 자라나길 바라요. 우리가 세계문화유산을 아끼고 소중히 지키는 일은 그들의 이야기를 잊지 않고 미래에도 전해 주는 일이기 때문이에요. 자, 이제 설렘과 호기심을 가득 담아 세계문화유산 여행을 떠나 볼까요? 이 여행은 여러분의 오늘을 더 풍성하게 만들고, 내일을 더 멋지게 바꾸어 줄 거예요. 『초등학생이 꼭 알아야 할 세계문화유산 이야기』와 함께하는 여러분의 여행이 언제나 신나고 즐겁기를 진심으로 바랍니다. 오늘 여기서 시작되는 여행이 여러분의 마음속에 오래오래 빛나는 보물이 되기를 바랍니다.

2026년 1월

집필진 일동

차 례

초등학생이 꼭 알아야 할

세계문화유산 이야기

깊은 동굴 속에 남은 옛 사람들의 이야기

1. 알타미라 동굴 벽화

[1-1] 알타미라 동굴의 모습
(스페인, Thilo Parg, CC BY-SA 4.0, 위키미디어 공용)

스페인에 있는 알타미라 동굴 안에는

3만 년 전 살던 사람들이 그린 그림이 있어요.

옛날 사람들은 왜 깊은 동굴 안에 그림을 그렸을까요?

동굴 속에 남은 마법 같은 그림, 알타미라

알타미라 동굴 깊은 곳 바위에는 소와 말 같은 동물들이 뛰노는 모습이 그려져 있어요. 잘 보이지 않는 낮은 곳에 있던 큰 그림은 8살 어린이가 처음 발견했어요. 그림이 너무 멋져서 사람들은 처음에 옛날 그림이라고 믿지 못하고, 최근에 화가가 그린 것이라고 생각할 정도였어요.

[1-2] 알타미라 동굴의 모습

당시 사람들은 흙이나 숯, 돌가루 등을 물감으로 삼아 거친 바위 위에 그림을 그렸어요. 바위의 울퉁불퉁한 표면도 그림이 더 두드러져 보이게 해 주었어요. 사람들은 동물 털이나 손으로 물감을 찍어 바르거나, 빨대처럼 속이 빈 뼈를 이용해 벽에 물감을 뿜는 방법도 사용했어요.

옛날 사람들은 왜 동굴 깊은 곳에 그림을 그렸을까요?

그때는 마트나 편의점도 없고, 농사 짓는 방법도 몰라서 사냥에 성공하지 못하면 온 가족이 굶어야 했어요. 그래서 동물 그림을 그리며 사냥이 잘 되기를 빌었대요. 또, 자신들이 잡아먹는 동물들에게 미안하고 고마운 마음을 담기도 했지요. 옛날 사람들은 그림에 마법 같은 힘이 있다고 믿었기 때문이에요.

만 년 전에 살던 사람과 함께 그림을 그릴 수 있다면?

오랜 세월 동안 여러 사람들이 동굴에 찾아와 그림을 그렸어요. 그래서 몇만 년의 차이를 두고 나란히 그려진 그림들도 있답니다. 여러분이 몇만 년 전 사람이 그렸던 그림 옆에 또 그림을 그린다고 상상해 보세요. 이런 것을 팔림프세스트라고 하는데, 다시 쓴다는 뜻이에요.

수수께끼를 품은 거대한 돌들

2. 스톤헨지

[2-1] 스톤헨지
(영국, Bernd Feurich, CC0, 펙셀즈)

영국의 넓은 들판 한가운데,

집처럼 큰 돌들이 둥글게 우뚝 서 있어요.

둥글게 모여 있는 이 돌들은 4000년도 훨씬 전에 살던 사람들이 옮겨 놓았대요.

사람들은 이렇게 무거운 돌들을 왜 옮겨둔 것일까요?

거대한 돌로 만든 수수께끼, 스톤헨지

스톤헨지는 '매달려 있는 바위'라는 뜻이에요. 두 개의 돌을 세우고 그 위에 또 다른 돌을 올려서 기둥과 지붕처럼 만들었지요. 처음 세웠을 때에는 이런 기둥이 빽빽하게 서 있어서 둥근 원을 이루고 있었다고 해요. 가장 높은 돌은 6m나 되는데, 문 세 개를 차곡차곡 쌓아둔 만큼 크다고 상상해 보세요. 게다가 어떤 돌들은 몇백 킬로미터나 떨어진 곳에서 가져왔다니 정말 놀랍지요?

[2-2] 가까이서 본 스톤헨지

그런데 이 돌들이 왜 여기에 모여 있는지는 아직도 수수께끼예요. 돌들이 해와 달의 움직임에 맞추어 놓여 있어서 달력처럼 썼을 거라고 하기도 하고, 주변에서 사람의 뼈가 발견된 걸 보면 묘지나 제사 장소였을 거라고도 해요. 지금도 학자들이 스톤헨지의 비밀을 알아내려 열심히 연구하고 있답니다.

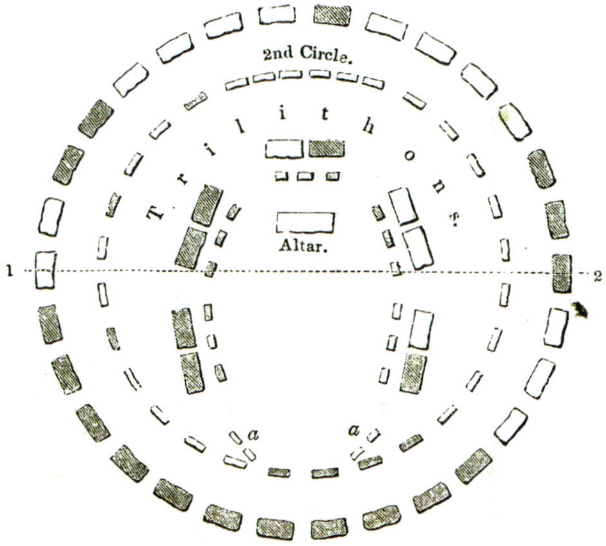

[2-3] 스톤헨지의 돌들은 이렇게 놓여 있었을 거래요.

왜 덮개 돌이 떨어지지 않았나요?

기둥 돌과 덮개 돌을 깎아 서로 맞물려 떨어지지 않게 만들었어요. 나무로 집을 지을 때도 비슷한 방법을 사용해요.

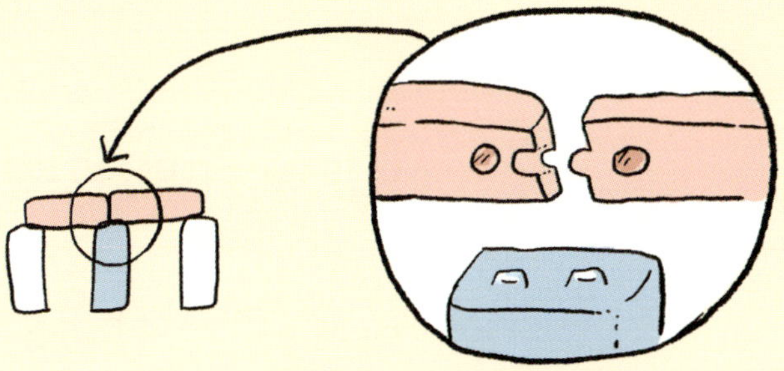

[2-4] 스톤헨지 조립하기

이집트의 신비로운 보물

3. 피라미드와 스핑크스

[3-1] 피라미드와 스핑크스
(이집트, Grade1, CC0, 픽사베이)

이집트에 가면 사각뿔 모양의 아주 큰 돌무덤인 피라미드와,

사람 얼굴에 사자 몸을 한 신비로운 스핑크스를 만날 수 있어요.

그렇다면 이런 놀라운 것들은 왜 만들어졌을까요?

파라오의 거대한 무덤

약 4,600년 전, 고대 이집트를 다스리던 파라오는 자신의 힘과 권력을 보여주기 위해 커다란 무덤인 피라미드를 지었어요. 이집트 사람들은 죽은 뒤에도 또 다른 세상이 있다고 믿었어요. 그래서 왕이 죽은 뒤에도 살아갈 집이 필요하다고 생각했지요.

이집트에는 여러 피라미드가 있지만, 그중에서 쿠푸 왕의 피라미드가 가장 유명해요. 높이가 147m나 되어서 건물 50층과 비슷하고, 2.5톤이나 되는 커다란 돌을 230만 개나 쌓아 만들었어요. 이렇게 큰 무덤은 파라오가 얼마나 강력했는지를 보여줍니다.

[3-2] 많은 돌을 쌓아 만든 피라미드

피라미드 옆에는 무덤을 지키는 스핑크스가 서 있어요. 스핑크스는 사람의 얼굴과 사자의 몸을 가진 모습인데, 사람의 지혜와 사자의 힘을 함께 나타낸다고 해요. 오랜 세월 모래바람에 코가 닳아 없어졌지만, 지금도 사막을 지키며 웅장한 모습을 뽐내고 있답니다.

[3-3] 큰 돌을 깎아 만든 스핑크스

피라미드 안에는 무엇이 있을까요?

피라미드 안에는 파라오의 관과 미라가 들어 있었어요. 뿐만 아니라 함께 묻은 금, 보석 같은 값진 물건들이 가득 들어 있었어요. 파라오가 죽은 뒤에도 편하게 살 수 있도록 필요한 것들을 함께 넣어 둔 거예요.

어린 파라오의 무덤에서 발견된 보물

4. 투탕카멘 마스크

[4-1] 투탕카멘 마스크
(이집트, 54cm×39cm×49cm, Roland Unger, CC0, 위키미디어 공용)

이집트의 사막 속 지하 무덤에서 눈부신 황금 가면이 발견되었어요.

그 가면의 주인은 어린 나이에 왕이 된 투탕카멘이에요.

반짝반짝 빛나는 이 가면은 무엇으로 만든 걸까요?

11kg 황금 마스크를 쓴 어린 파라오

[4-2] 투탕카멘 미라에 씌워져 있는 마스크

투탕카멘은 9살에 왕이 되었다가 18살에 세상을 떠난 이집트의 파라오예요. 이집트의 왕 무덤은 보통 피라미드였지만, 도굴꾼을 피하기 위해 '왕들의 계곡'에 지하 무덤을 만들었지요. 그중 3300년 동안 도굴되지 않은 유일한 무덤이 바로 투탕카멘의 무덤이에요.

이집트 사람들은 영혼이 황금처럼 영원하다고 믿었어요. 그래서 무덤 안은 황금 보물로 가득했고, 그중에서도 가장 빛나는 것이 투탕카멘의 황금 마스크예요.

이 마스크는 투탕카멘의 미라 위에 씌워져 있었어요. 11kg이나 되는 순금으로 만들었고, 화려한 보석들로 장식했어요. 마스크에는 이집트 신들의 힘이 담겨 있어요. 머리 앞쪽의 코브라와 독수리는 각각 왕을 지키는 여신 와제트와 네크베트를 나타내요. 턱의 수염 장식은 죽음과 부활의 신 오시리스의 수염을 본뜬 것이에요. 마스크 뒤에는 투탕카멘이 영혼의 세계로 무사히 갈 수 있도록 돕는 주문까지 새겨져 있어요.

그래서 황금 마스크는 단순한 보물이 아니라, 신들이 파라오를 함께 지켜주는 마법 갑옷 같은 것이었답니다.

[4-3] 마스크 뒤쪽 상형문자

황금 보물을 접착제로 고쳤다고?

어느 날, 카이로 박물관에서 큰일이 벌어졌어요. 직원이 실수로 투탕카멘 마스크의 턱수염을 떨어뜨린 거예요! 놀란 직원은 서둘러 장난감 접착제로 붙여 놓았어요. 하지만 나중에 사람들이 그 사실을 알게 되었고, 박물관은 접착제를 모두 깨끗이 지워냈어요. 그리고 옛날 이집트 사람들이 쓰던 방법처럼 벌꿀 왁스로 턱수염을 다시 붙였답니다. 이 황당한 사건 때문에 황금 마스크는 몇 달 동안 전시장에서 사라졌다가, 다시 멋진 모습으로 돌아왔어요.

정글 속의 거대한 도시

5. 티칼 국립공원

[5-1] 재규어 사원과 다른 유적들
(과테말라, chensiyuan, CC BY-SA 4.0, 위키미디어 공용)

과테말라의 빽빽한 밀림 속에는 오래전 사람들이 살던 도시가 숨어 있어요.

높은 건물들이 나무들 사이로 쑥쑥 솟아 있지요.

그렇다면 이곳에는 누가 살았을까요?

정글 속에 숨은 마야의 도시, 티칼

티칼은 옛날 마야 사람들이 살던 도시예요. 빽빽한 밀림 사이로 우뚝 솟은 건물들이 신비롭게 보여서 영화에도 자주 나왔답니다. 오랫동안 사람이 살지 않던 이 도시를 학자들이 발견해 복원*하고 연구했어요.

[5-2] 티칼의 재규어 사원

티칼에는 사진 속에 있는 재규어 사원처럼 신을 모시던 높은 건물들도 있고, 여러 층으로 된 궁전과 집, 도로, 광장도 남아 있어요. 티칼 사람들에게는 물을 모으는 지혜도 있었어요. 비가 많이 올 때 저수지에 빗물을 모아두고, 모래를 이용해 깨끗하게 만들었어요. 덕분에 비가 적은 계절도 잘 날 수 있었답니다.

재미있게 생긴 그림? 마야의 글자랍니다.

돌기둥에 새겨진 것은 장식이 아니라 글자랍니다.

우리가 쓰는 글자보다 훨씬 동글동글한 게 꼭 그림 같죠?

이 모양은 무슨 뜻일까요? 상상해 보세요.

[5-3] 티칼의 비석

옛날 이 곳을 다스리던 티칼 왕국은 아주 강해서 주변 나라들을 지배했어요. 그걸 어떻게 알았냐고요? 건물 벽과 돌기둥에 옛날 이 곳을 다스리던 티칼 왕국의 왕들 이야기가 마야 글자로 새겨져 있어요. 학자들이 이 글자를 해독**해서 티칼 왕국의 이야기를 알아냈답니다.

마야의 옛 도시는 아무도 살지 않는 곳이 되었지만 마야의 후손들과 마야의 이야기는 여전히 남아 있답니다. 우리가 사는 곳은 나중에 어떤 모습이 될까요?

* 복원: 원래대로 다시 되돌린다는 뜻이에요.
** 해독: 알 수 없던 글자를 읽어낸다는 뜻이에요.

정답: Ajaw, 왕이라는 뜻이에요.

바빌론의 상징

6. 이슈타르 문

[6-1] 이슈타르 문
(이라크, Dun ALrubaie, CC0, 펙셀즈)

이라크에는 파란색 벽돌로 만든 멋진 대문, 이슈타르 문이 있어요.

이 문은 옛날 도시 바빌론에 들어가려면 꼭 지나야 하는 아주 중요한 문이었지요.

그렇다면 옛날 사람들은 왜 이 문을 이렇게 화려하게 꾸몄을까요?

사자와 황소, 용이 지키는 이슈타르 문

이슈타르 문은 약 2,600년 전, 고대 바빌론 왕이 사랑과 전쟁의 여신 이슈타르를 기리기 위해 만든 북쪽 대문이에요. 이 문은 도시를 지키는 거대한 성벽의 일부로 바빌론으로 들어가는 가장 상징적인 통로였어요. 문은 파란색 유약 벽돌로 만들어졌는데, 햇살을 받으면 보석처럼 반짝반짝 빛났지요.

[6-2] 이슈타르 문의 조각들

벽에는 이슈타르를 상징하는 동물들이 새겨져 있었어요. 거리 양쪽 벽돌에는 사자가 120마리, 성문에는 황소와 용이 수백 마리 장식되어 있었어요. 바빌론 사람들은 '신들의 도시'라고 불릴 만큼 많은 신을 믿었어요. 사자는 전쟁의 여신 이슈타르의 힘을, 황소는 폭풍의 신에게 빌던 풍요를, 용은 최고의 신에게 도시를 지켜달라는 뜻을 담고 있어요.

신년 축제와 같은 중요한 날이면 사람들은 이 문을 지나 행진의 거리를 따라 이동했어요. 새해를 맞는 행렬에 참여한 사람들은 문 앞에서 동물 하나하나의 의미를 떠올리며 기도했어요. 이 신성한 동물들이 바빌론을 나쁜 기운으로부터 지켜주고, 왕에게 힘과 승리를 가져다줄 것이라고 믿었어요.

이슈타르 문이 두 개?

이슈타르 문은 오랜 세월 땅속에 묻혀 있다가 20세기 초에 발굴되었어요. 발굴된 벽돌 조각 중 일부는 독일로 옮겨져, 페르가몬 박물관에서 복원되어 전시되고 있습니다. 박물관에서 이 문을 만나는 관람객들은 2,600년 전 바빌론 사람들이 느꼈을 경이로움과 신성함을 느낄 수 있답니다.

한편, 원래 이슈타르 문이 있던 이라크도 이슈타르 문의 축소 모형을 만들어 복원해 놓았어요. 비록 원본의 크기만큼 크지는 않지만, 바빌론 유적을 방문하는 사람들은 이곳에서 고대 도시의 입구를 경험할 수 있어요.

고대 궁전 도시

7. 페르세폴리스

[7-1] 페르세폴리스
(이란, Shimabdinzade, CC0, 픽사베이)

수천 년 전, 이란의 사막 한가운데에는 웅장한 궁전 도시가 있었어요.

지금은 기둥과 뼈대만 남아 있지만, 왕과 사람들이 함께 어울려 살던 곳이었지요.

이곳에서 살던 사람들은 무엇을 하면서 살았을까요?

거대한 궁전 도시, 페르세폴리스

페르세폴리스는 약 2,500년 전에 페르시아 제국이 세운 거대한 궁전 도시예요. '페르세폴리스'라는 이름은 '페르시아 사람들의 도시'라는 뜻을 가지고 있답니다. 이곳은 페르시아 제국의 여러 나라에서 온 사신들이 왕에게 인사를 하고 선물을 바치고, 중요한 새해 축제를 열었던 제국의 가장 중심이었어요.

[7-2] 페르세폴리스의 기둥의 조각들

페르세폴리스에 들어서면 가장 먼저 '만국의 문'이 나와요. 이 문은 페르시아 제국이 세상의 모든 나라를 하나로 품고 있다는 뜻을 보여주었어요. 또 '아파다나 궁전'은 각국에서 온 사신이 왕을 만나는 장소였어요. '백주전'은 무려 100개가 넘는 커다란 기둥이 지붕을 받치고 있는 넓은 공간으로, 왕이 중요한 손님을 맞이하거나 제국의 중요한 행사가 있던 곳이었어요.

페르세폴리스에는 높이 20미터가 넘는 커다란 기둥들이 줄지어 있어요. 기둥 꼭대기에는 사자, 황소처럼 힘센 동물 조각들이 장식되어 있어 왕의 강한 힘을 보여주었어요. 궁전의 계단과 벽에는 여러 나라 사신들이 왕에게 선물을 바치러 오는 모습이 아주 자세하게 새겨져 있어요.

돌에 새겨진 사자와 황소의 싸움

페르세폴리스 궁전의 큰 돌에는 사자와 황소가 싸우는 모습이 새겨져 있어요. 그런데 이 장면은 단순한 싸움이 아니었답니다. 페르시아 사람들에게 특별한 의미를 담고 있었지요.

사자는 따뜻한 여름과 왕의 힘을, 황소는 추운 겨울과 어려움을 나타내요. 그래서 사자가 황소를 이기는 모습은 계절이 바뀌는 것을 보여주기도 하고, 왕이 나쁜 것들을 물리쳐 나라를 지키는 힘을 상징하기도 했지요. 페르시아 사람들은 이 그림을 보면서 희망과 용기를 얻었어요.

[7-3] 페르세폴리스에 새겨진 사자와 황소 싸움

신을 숭배하는 곳

8. 파르테논 신전

[8-1] 파르테논 신전
(그리스, 69.5m×30.9m×13.7m, nonbirinonko, CC0, 픽사베이)

그리스 아테네의 언덕 위에는 하얀 돌기둥이 멋지게 세워진 파르테논 신전이 있어요.

신전 곳곳에는 신화 속 영웅들과 신들의 모습이 새겨져 있답니다.

그렇다면 이 신전은 누구를 위해 지어진 걸까요?

아테나 여신을 위한 신전

파르테논 신전은 옛날 그리스 아테네 사람들이 아테나 여신을 위해 특별히 세운 건물이에요. 아테나 여신은 지혜와 전쟁, 그리고 도시를 지켜주는 아주 중요한 여신이었답니다. 이 신전은 기원전 5세기, 아테네가 가장 힘이 강하고 번성했을 때 아크로폴리스라는 높은 언덕 위에 지어졌어요.

[8-2] 파르테논 신전의 돌기둥

신전의 바깥 벽과 기둥 사이에는 그리스 신화 속 영웅과 신들의 이야기가 돌에 새겨져 있어요. 특히 신전 위쪽 벽에는 아테네 사람들이 여신께 감사 인사를 드리는 다양한 모습이 생생하게 조각되어 있답니다. 이 조각들에는 사람들이 행렬을 이루어 신전으로 가는 모습, 노래를 부르고 춤을 추는 모습, 맛있는 음식을 나누는 모습 등이 담겨 있어요.

옛날 아테네 사람들은 축제 날이 되면 신전 앞에 모두 모여 아테나 여신께 감사 인사를 드리고, 즐겁게 잔치를 벌였어요. 신전 위에 올라가면 도시와 멀리 바다까지 한눈에 시원하게 내려다보였지요. 해가 질 때면 하얀 돌기둥들이 황금빛으로 반짝이며 빛났답니다. 그래서 파르테논 신전은 옛날 사람들의 역사와 지혜, 그리고 아름다움을 오늘날까지 전해주는 아주 특별한 장소예요.

파르테논 신전은 이렇게 복원되고 있어요

파르테논 신전은 아주 오랜 세월 동안 전쟁과 자연재해를 겪었어요. 특히 1687년 전쟁 때 큰 폭발이 일어나 신전 안쪽이 많이 무너져, 지금은 건물의 일부만 남아 있지요.

오늘날에도 전문가들이 신전을 조심스럽게 고치고 있어요. 하지만 완전히 새 건물처럼 만들지 않고, 지금의 모습을 유지하면서 복원하려고 해요. 과거의 상처와 흔적도 그 문화유산의 일부이기 때문이지요.

진시황을 끝까지 지킨 지하 군대

9. 병마용갱

[9-1] 병마용갱
(중국, 230m×62m, leeyanzi, CC0, 픽사베이)

중국의 진시황 무덤 근처에서 아주 놀라운 것이 발견되었어요.

흙으로 만든 실제 크기의 군인과 마차, 무기들이 수천 개나 있었답니다.

그런데 이렇게 많은 병마용들은 왜 땅속 깊이 묻혀 있었을까요?

흙으로 만들어 구운 군대

병마용은 군인과 말의 모습을 흙으로 만들어 구운 인형이에요. 약 2천 년 전, 진시황은 죽은 뒤에도 자신을 지켜줄 군대가 필요하다고 생각했어요. 그래서 진짜 사람처럼 보이는 병사, 말, 전차를 흙으로 만들었답니다. 지금까지 발견된 병마용은 무려 약 8천 개나 되어요.

[9-2] 전차를 끄는 병마용

더 놀라운 사실은 병마용의 얼굴이 모두 다르다는 거예요. 어떤 얼굴은 중국의 여러 지역 사람처럼 보이고, 또 어떤 얼굴은 서양 사람처럼 보이기도 해요. 병사들이 들고 있는 무기도 다양해요. 칼, 활, 쇠뇌 같은 무기를 들기도 하고, 말을 타거나 마차 위에 서 있는 병사도 있어요. 진시황은 이렇게 진짜 군대처럼 든든한 병마용 군대를 만들었던 거예요.

알록달록하게 칠해진 병마용의
당시 모습을 우리가 본다면
얼마나 멋지고 생생했을까요?

지금 우리가 보는 병마용은 모두 흙빛이지만, 당시에는 빨강, 파랑, 초록, 보라 등 알록달록한 색으로 칠해져 있었어요. 그런데 땅속에서 꺼내는 순간 공기와 닿자마자 색이 금방 떨어져 버렸죠. 그래서 과학자들은 색이 사라지는 걸 막기 위해 특별한 기술로 병마용을 보호하고 있답니다.

병마용의 여러 가지 얼굴 모습

[9-3] 모두 다른 병마용의 얼굴

끝없는 성벽

10. 만리장성

[10-1] 만리장성
(중국, liupengda, CC0, 픽사베이)

중국 북쪽에는 산의 능선을 따라 끝이 보이지

않을 만큼 길고 거대한 성벽이 이어져 있어요.

옛날 중국 사람들은 왜 이렇게 길고 튼튼한 성벽을 쌓아야 했을까요?

세계에서 가장 긴 성벽, 만리장성

만리장성은 기원전 7세기쯤부터 명나라 시대까지, 무려 2,000년 넘게 여러 왕조가 쌓아 올린 세계에서 가장 기다란 건축물이에요. 이렇게 기다란 성벽을 쌓아 올린 건 외부의 침입을 막아 중국을 안전하게 지키기 위해서였어요.

만리장성은 진시황 때 크게 넓혀지고, 명나라 때 완성되었는데 그 길이가 무려 21,196km나 된답니다. 성벽은 보통 높이가 8m나 되고, 위쪽 폭도 5m가 넘을 만큼 넓어서 군사들이 위를 걸을 수 있었어요. 또 봉화대와 관문 같은 방어 시설도 있었지요.

만리장성 근처에는 군사와 장인, 그리고 그 가족들이 함께 살았어요. 늘 적의 공격에 대비해 망을 보거나, 무너진 벽을 고쳤다고 해요. 지금도 성벽 위를 따라 걸으면 옛 군사들이 남긴 발자국과, 서로 마을을 오가던 사람들의 흔적을 만날 수 있어요.

[10-2] 만리장성의 봉화대

만리장성 '망부석' 전설

옛날 중국에서 만리장성을 쌓을 때는 아주 많은 사람들이 동원되었어요. 그중에는 누군가의 남편도 있었지요. 맹강녀라는 여인도 결혼한 지 얼마 되지 않아 남편을 벽돌을 쌓는 공사에 보내야 했어요. 추운 겨울, 남편 소식이 끊기자 맹강녀는 직접 따뜻한 옷을 지어 산을 넘고 강을 건너 멀고 먼 길을 걸어 만리장성까지 찾아갔어요.

맹강녀가 만리장성에 도착하자 남편이 힘든 일과 추위에 지쳐 이미 세상을 떠났다는 소식을 듣게 되었어요. 너무 슬퍼진 맹강녀는 성벽 앞에서 밤낮으로 울었어요. 그녀의 눈물이 쏟아지자 성벽이 무너져 내렸고, 사람들은 깜짝 놀랐어요. 그 이후 맹강녀는 바위로 변했고, 지금도 만리장성 근처에는 망부석이라 불리는 바위가 남아 있다고 해요.

트로이 목마 이야기

11. 라오콘 군상

[11-1] 라오콘 군상
(바티칸 시국, 2.08m×1.63m×1.12m, 류재만 제공)

바티칸 박물관에는
사람과 뱀이
뒤엉켜 있는
커다란 조각상이
있어요.

이 조각상을
바라보면 마치
그리스 신화 속 한
장면이 눈앞에서
펼쳐지는 것
같아요.

그렇다면 이
조각에는 어떤
이야기가 담겨
있을까요?

신의 벌을 받은 라오콘과 두 아들

라오콘 군상은 옛날 그리스 신화 속 트로이 전쟁에 얽힌 슬픈 이야기를 담은 조각이에요. 기원전 1세기에 만들어진 것으로 추정되는 이 조각은 온몸에 뱀이 감긴 채 고통스러워하는 아버지와 두 아들의 모습을 보여주고 있어요.

옛날 트로이와 그리스는 아주 오랫동안 전쟁을 하고 있었어요. 싸움에서 이기지 못하던 그리스군은 어느 날 커다란 나무 목마를 트로이 성 밖에 남겨두고는 배를 타고 떠나는 척했어요. 트로이 사람들은 전쟁이 끝났다고 생각하고, 그 거대한 목마를 승리의 선물이라고 여겨 성 안으로 들여오려고 했어요. 그 목마 안에 그리스 군인들이 숨어 있는 줄은 전혀 모르고 말이에요.

트로이 사람들이 모두 기뻐할 때 라오콘은 홀로 목마를 의심했어요. 라오콘은 "목마를 성 안에 들이면 안 된다. 이 안에는 그리스군의 무서운 계략이 숨어 있을지도 모른다."라며 사람들에게 경고했고, 심지어 창을 던져 목마를 찌르기도 했어요. 그러자 그리스군 편을 들던 신들이 크게 분노했어요. 신들은 자신들의 계획을 망치려 한 라오콘을 벌주기 위해 바다에서 두 마리의 거대한 뱀을 보냈답니다. 조각에는 이야기 속 라오콘과 두 아들의 모습이 생생하게 표현되어 있어요.

흙 속에서 깨어난 보물

라오콘과 두 아들의 조각상은 오랫동안 땅속에 묻혀 있다가 1506년, 로마의 한 포도밭에서 우연히 발견되었어요. 이 놀라운 발견은 당시 유명한 예술가였던 미켈란젤로에게도 깊은 감동을 주었어요. 지금 이 조각상은 바티칸 박물관에서 볼 수 있답니다.

[11-2] 라오콘 군상을 발견한 마을 사람들(AI 생성 이미지)

사막 속에 숨어 있던 바위 도시

12. 페트라

[12-1] 앗 데이르
(요르단, Jan Simons, CC0, 펙셀즈)

요르단의 사막 한가운데, 바위 계곡을 굽이굽이 들어가면

바위를 깎아 만든 옛 도시가 있습니다.

어떻게 바위를 깎아 집을 지었을까요?

바위를 깎아 만든 신비한 도시, 페트라

해가 쨍쨍 내리쬐는 사막에 붉은 소용돌이 무늬를 지닌 바위 계곡이 있어요. 이 좁은 계곡은 시크(siq)라고 불리는데, 시크를 따라 굽이굽이 한참을 걸어가면 마치 마법처럼 멋진 도시 페트라가 나타난답니다. 한 시인은 페트라를 두고 '세상 나이의 절반만큼 오래 된, 장미처럼 붉은 도시'라며 노래했답니다.

[12-2] 알 카즈네

아주 먼 옛날, 낙타 등에 짐을 싣고 다니던 때에 페트라는 화려하고 큰 도시였어요. 이곳 사람들은 바위를 깎아 신전도 짓고, 빗물을 모아 두는 물탱크도 만들었어요. 5000명이 한꺼번에 앉을 수 있는 커다란 극장과 무덤도 바위에 새겼지요.

하지만 전쟁과 지진을 겪으면서 점점 사람들이 떠나고, 결국 폐허로 남겨지게 되었어요. 그 뒤 한 여행가가 페트라를 찾아와 아름다운 모습에 감동했어요. 그는 여행기를 쓰고, 멋진 그림을 그려 세상에 알렸고, 이제는 사람들이 꼭 가보고 싶어 하는 곳이 되었답니다.

어떻게 바위를 깎아 집을 짓나요?

바위 절벽의 높이에 맞는 계단을 설치해요. 철로 된 끌을 바위에 대고 망치로 내려치면 바위가 깨져요. 블록 모양으로 쪼개낸 바위들은 다른 건물을 지을 때 사용할 수 있어요. 그래서 이곳의 건물들은 지붕부터 지어졌답니다.

[12-3] 앗 데이르

로마인의 지혜가 담긴 길고 아름다운 물길

13. 수도교

[13-1] 퐁 뒤 가르 수도교
(프랑스, 48m×275m, Benh LEIU SONG(Flickr), CC BY-SA 3.0, 위키미디어 공용)

프랑스에 있는 퐁 뒤 가르 수도교는 로마 때 만든 다리 중 가장 높은 다리예요.

이 다리 위로는 사람이 다니지 않고, 물이 흘렀답니다.

로마 사람들은 어떻게 저 높은 다리 위로 물을 흐르게 했을까요?

2천 년을 버틴 놀라운 물길

로마에는 강이 있었지만, 도시에 사는 사람들이 쓰기에는 물이 부족했어요. 그래서 로마인들은 멀리 떨어진 곳에서 물을 끌어오기로 했어요.

물은 높은 데서 낮은 데로 흐르기 때문에, 산에서 내려온 물은 골짜기를 만나면 물길이 끊어질 수 있어요. 그래서 로마인들은 골짜기 위에 커다란 수도교를 세워 물길을 이어 주었답니다. 수도교는 살짝 기울어져 있어, 물이 천천히 오랫동안 흐를 수 있었어요.

로마의 어떤 수도교는 길이가 수십 킬로미터나 될 만큼 아주 길어서, 물이 산과 들판을 지나 도시까지 쉴 새 없이 흘러올 수 있었어요. 덕분에 로마 사람들은 목욕탕과 분수, 심지어 집 안에서도 깨끗한 물을 마음껏 사용할 수 있었지요.

또 놀라운 점은, 수도교의 돌 사이에는 접착제를 사용하지 않았는데도 돌을 쌓는 기술 덕분에 지진에도 끄떡없이 버텼어요. 그래서 2천 년이 지난 지금도 프랑스, 스페인, 이탈리아 곳곳에서 로마의 수도교가 여전히 서 있답니다.

[13-2] 스페인 수도교

여전히 사용하고 있는 고대 로마의 수도교

이탈리아 로마에는 지금도 쓰이고 있는 유일한 로마 시대 수도교가 있어요. 그 이름은 '비르고 수도교'입니다. 비르고 수도교는 천 년 넘게 고쳐 가며 계속 사용되고 있어요. 그리고 이 수도교에서 흘러온 물은 로마에서 가장 유명한 트레비 분수로 이어져 흐릅니다.

[13-3] 트레비 분수

거대한 원형 경기장

14. 콜로세움

[14-1] 콜로세움
(이탈리아, 189m×156m×48m, lolsanches, CC0, 픽사베이)

콜로세움은 이탈리아 로마에 있는 아주 커다란 원형 경기장이에요.

약 2000년 전, 세계에서 가장 강한 나라였던 로마 제국은

이 콜로세움을 왜 지었을까요?

로마의 거대한 경기장, 콜로세움

옛날 로마 황제는 시민들에게 재미있는 볼거리를 주고, 자신의 힘을 뽐내며, 모두가 함께 즐길 수 있는 공간을 만들기 위해 로마 한복판에 콜로세움을 짓기 시작했어요. 이 거대한 경기장은 로마 제국의 뛰어난 건축 기술 덕분에 10년도 안 되어 완성되었답니다.

콜로세움에서는 주로 검투사들의 경기가 열렸어요. 칼이나 창을 들고 싸우는 검투사들의 경기는 사람들이 가장 좋아하던 스포츠였지요. 또 사자나 호랑이 같은 무서운 맹수들과의 싸움도 있었고, 심지어 경기장 안에 물을 가득 채워 해상 전투까지 벌어지기도 했어요.

[14-2] 콜로세움의 내부

콜로세움은 단순히 돌로 만든 건물이 아니에요. 로마 황제의 권력과 로마인의 문화, 그리고 뛰어난 건축 기술을 보여주는 소중한 세계문화유산이랍니다.

콜로세움의 좌석 배치는 어떻게 정해졌을까요?

옛날 로마에는 신분에 따라 자리도 달랐어요. 콜로세움은 1층부터 4층까지 있었는데, 계층에 따라 앉는 곳이 정해져 있었지요. 권력이 크고 돈이 많은 귀족들은 경기를 가장 잘 볼 수 있는 1층에 앉았고, 시민권이 없는 사람들은 가장 높은 곳에 있는 4층에 앉아야 했어요.

[14-3] 콜로세움의 각 층

고대 로마의 무대

15. 원형극장

[15-1] 원형극장
(요르단, dimitrisvetsikas1969, CC0, 픽사베이)

요르단의 수도 암만에는 로마 시대에 언덕을 깎아 만든 아주 큰 원형극장이 있어요.

이 극장은 약 6,000명이 한꺼번에 공연을 볼 수 있을 만큼 넓었답니다.

돌계단으로 둘러싸인 이 극장에서는 어떤 공연이 있었을까요?

돌로 만든 멋진 공연장, 원형극장

요르단 암만에 있는 원형극장은 약 1,800년 전인 2세기쯤 로마 제국이 아주 강하고 번성했을 때 지어졌어요. 이 공연장은 돌을 층층이 쌓아 거대한 원을 그리고 있어서 '원형극장'이라고 불립니다.

원형극장의 가장 신기한 점은 소리가 잘 퍼지도록 과학적으로 설계되어 있다는 거예요. 덕분에 어디에 앉아도 무대를 잘 볼 수 있었고, 맨 위에 앉아도 배우의 목소리가 또렷하게 들렸어요. 그래서 이곳에서는 연극, 음악회, 시 낭송 같은 행사가 자주 열렸어요. 당시 로마 사람들은 극장 근처에 광장이나 신전 같은 중요한 건물들을 함께 만들었어요. 사람들이 극장에서 공연을 보고 나와 근처 광장에서 이야기하고 도시의 활발한 생활을 즐길 수 있도록 한 것이지요.

지금도 이 극장은 요르단의 대표적인 공연장으로 쓰이고 있어요. 극장 근처에는 요르단의 전통 의상을 볼 수 있는 민속 박물관도 있습니다. 암만의 원형극장은 과거의 멋진 역사와 현재 사람들의 생활이 만나는 아주 특별한 장소가 되었답니다.

[15-2] 원형극장의 돌 계단

과거와 현재를 이어주는 원형극장의 무대

암만 극장의 바닥과 객석에는 옛사람들이 새겨 놓은 그리스어 글씨가 아직도 남아 있어요. 무대와 객석이 모두 돌로 만들어져서 지금까지도 잘 보존되어 있지요. 무대 아래에는 옛날에 공연자들이 준비하던 작은 방과 복도도 그대로 남아 있답니다.

지금도 요르단 학생들이 직접 이 무대에 올라 연극을 하거나, 가족들이 함께 와서 전통 놀이를 즐기는 모습을 볼 수 있어요.

돌로 만들어진 신비한 세상

16. 카파도키아

[16-1] 카파도키아
(튀르키예, Hans, CC0, 픽사베이)

튀르키예에 있는 카파도키아에는

바위로 된 신기한 돌탑들과 지하 도시가 있어요.

그런데 사람들은 왜 이런 바위 동굴과 지하에 도시를 만들었을까요?

자연과 사람이 함께 만든 신비한 땅

카파도키아에는 아주 오래전에 화산이 폭발하면서 쌓인 재가 굳어 부드러운 흙과 돌이 생겼어요. 그 뒤 수천 년 동안 바람과 비가 땅을 깎아내자, 버섯처럼 생긴 기둥 모양의 바위들이 남았지요. 그래서 이 바위들을 '버섯바위' 또는 '요정의 굴뚝'이라고 불러요.

옛날 사람들은 이 바위에 요정들이 산다고 믿었대요. 밤이 되면 요정들이 굴뚝 사이를 날아다니며 달빛 아래서 춤을 추고, 특별한 사람에게는 잠깐 모습을 보여주었다는 전설도 전해 내려오지요.

[16-2] 버섯바위, 요정의 굴뚝

옛날 카파도키아는 전쟁이 자주 일어나던 곳이었어요. 그래서 사람들은 적의 공격을 피해 땅속으로 숨어 들어갔어요. 부드러운 바위를 파서 만든 지하도시는 마치 거대한 개미굴처럼 복잡하고 넓었답니다. 지하도시 안에는 교회, 학교, 농장, 부엌, 심지어 공동묘지까지 있었대요. 길과 길이 비밀문으로 이어져 있어서, 처음 들어가면 길을 잃기 쉬울 정도였대요.

[16-3] 열기구가 뜬 카파도키아

이런 신기한 풍경 덕분에 카파도키아는 세계적으로 유명한 열기구 여행지가 되었어요. 이른 아침이면 수십 개의 열기구가 하늘로 떠올라, 바위들과 어우러져 환상적인 장면을 만들어낸답니다.

지금까지 발견한 가장 큰 지하도시, 데린구유

데린구유는 '깊은 우물'이라는 뜻을 가진 지하도시예요. 카파도키아에서 가장 크고 깊은 지하 도시로, 무려 2만 명이나 살 수 있었다고 해요. 사람들은 숨 쉬고 물을 마시기 위해 땅 위까지 이어지는 공기 구멍과 물길을 만들었지요.

이 도시의 흔적은 지하 20층까지 내려가지만, 지금은 지하 8층까지만 들어갈 수 있어요. 좁고 어두운 통로를 따라가다 보면 옛날 사람들이 살던 흔적을 직접 볼 수 있답니다.

세계에서 가장 작은 나라

17. 바티칸 시티

[17-1] 바티칸 시티
(바티칸 시티, 면적 0.44km^2, Davide Cacciatori, CC0, 펙셀스)

세계에서 가장 작은 나라, 바티칸 시티는 이탈리아 로마 안에 있어요.

도시 안에 또 다른 나라가 있는 셈이지요.

그런데 이렇게 작은 나라가 어떻게 전 세계에 큰 영향을 줄 수 있을까요?

작지만 특별한 나라, 바티칸 시티

로마 안에는 바티칸 시티라는 아주 작은 나라가 있어요. 인구는 약 800명밖에 되지 않지만, 2000년이 넘는 역사를 가진 가톨릭교회의 중심지라서 전 세계에 큰 영향을 주고 있답니다. 이곳에는 가톨릭의 최고 지도자인 교황이 살고 있어요. 교황은 전 세계 교회를 이끌고, 바티칸이라는 나라도 다스려요.

[17-2] 사람들에게 인사하고 있는 교황

바티칸 시티는 나라 전체가 유네스코 세계문화유산으로 지정되어 있어요. 이곳에는 예수님의 제자였던 베드로의 무덤 위에 세운 성 베드로 대성당이 있는데, 전 세계 가톨릭 신자들이 꼭 한 번 가고 싶어 하는 성지예요.

[17-3] 성 베드로 대성당

또한, 새로운 교황을 뽑는 행사가 열리는 시스티나 예배당도 있어요. 이 예배당 안에는 미켈란젤로와 라파엘로가 그린 멋진 벽화가 남아 있어, 세계 사람들이 감탄하며 찾아오는 곳이랍니다.

[17-4] 바티칸 시티의 국기

바티칸 시티 국기에 대해 알아볼까요?

바티칸 시티의 국기는 노란색과 흰색이 나란히 있는 네모 모양이에요. 국기 안에는 금색 열쇠와 은색 열쇠가 그려져 있는데, 하늘과 땅의 열쇠를 뜻한답니다. 가톨릭에서는 교황이 하늘과 땅을 이어 주는 역할을 한다고 믿기 때문에, 두 열쇠는 아주 중요한 상징이에요. 국기에는 세 개의 왕관이 있어요. 이 세 왕관은 교황이 신앙을 이끄는 사람, 가톨릭교회의 대표, 그리고 바티칸을 다스리는 지도자라는 뜻을 담고 있답니다.

1500년의 시련을 견딘

18. 아야 소피아

[18-1] 아야 소피아
(튀르키예, Arild Vågen, CC BY-SA 3.0, 위키미디어 공용)

아야 소피아는 튀르키예 이스탄불에 있는 아름다운 건물이에요.

다양한 종교를 가진 사람들의 예배당이 되었습니다.

우뚝 솟은 둥근 지붕은 예배당 안을 더욱 아름답게 해준답니다.

시련을 이겨낸 아름다운 모스크, 아야 소피아

아야 소피아는 이름에 '거룩한 지혜'라는 뜻이 담겨 있어요. 커다란 둥근 지붕, 돔으로 유명하지요. 큰 돔을 네 개의 반쪽 돔들이 떠받치고 있는데, 돔 아래에는 창문이 빼곡하게 있어서 안을 환하게 밝혀 준답니다. 햇빛이 가득 들어오면 천장이 마치 공중에 떠 있는 것처럼 보여요. 벽에는 금색 배경의 모자이크*로 성모 마리아, 예수 등 종교화가 그려져 있어요. 금빛은 신성한 색이었어요. 또 햇빛을 받아 더욱 빛나며 아야 소피아 안을 마치 천국에 온 것처럼 밝혀 주었죠.

아야 소피아는 오랫동안 기독교 성당으로 쓰였다가, 나중에는 이슬람교 모스크로 바뀌었어요. 그때 네 개의 뾰족한 탑이 새로 세워졌지요. 아야 소피아는 불에 타고 무너지기도 했지만, 사람들이 다시 지어 올렸어요. 종교는 달라도 아야 소피아를 소중히 여기는 마음은 모두 같았던 거예요.

[18-2] 아야 소피아의 돔

* 모자이크: 작은 조각들을 붙여 그림이나 무늬를 만드는 방법이에요. [18-5] 사진을 자세히 보면 비늘처럼 작은 조각들을 볼 수 있어요.

자세히 보면 더 멋진 아야 소피아

아야 소피아는 겉모습도 멋지지만, 안으로 들어가면 벽과 바닥에 화려한 장식들이 가득해요. 무늬가 새겨진 돌, 멋진 조각, 그리고 아름다운 모자이크 등을 볼 수 있답니다.

[18-3] 벽의 무늬

[18-4] 기둥 장식

[18-5] 모자이크 그림

물 위의 도시

19. 베네치아

[19-1] 베네치아
(이탈리아, Garten-gg, CC0, 픽사베이)

이탈리아에는 마치 물 위에 떠 있는 것처럼 보이는 도시가 있어요.

집과 집 사이에는 넓은 물길이 펼쳐져 있지요.

그렇다면 이곳에 사는 사람들은 어떻게 이동할까요?

물길로 연결된 도시, 베네치아

이탈리아 북부에 있는 베네치아는 약 1,500년 전, 육지에 살던 사람들이 적의 침략을 피해 바다 위 작은 섬에 집을 지으면서 만들어진 특별한 도시예요. 사람들은 갯벌 위에 단단한 나무 기둥을 박고 그 위에 집을 지었는데, 이 기둥들이 지금까지도 건물을 튼튼하게 받치고 있답니다.

[19-2] 물길을 다니는 곤돌라

지금은 크고 작은 118개의 섬이 약 400여 개의 다리와 수많은 물길로 연결된 아름다운 관광 도시가 되었어요. 이 물길은 베네치아만의 특별한 도로 역할을 합니다. 베네치아에서는 우리가 흔히 보는 자동차나 버스를 볼 수 없어요. 대신 길고 좁은 모양의 전통 배인 곤돌라와 좀 더 큰 수상 버스를 타고 물길을 따라 다닌답니다. 곤돌라는 뱃사공이 긴 노를 저어 움직이는데, 마치 물 위를 미끄러지듯 이동하는 것이 베네치아만의 독특한 교통 수단이자 명물이에요.

아름다운 건물들과 물 위에서의 독특한 생활이 잘 어우러져, 베네치아 도시 전체와 그 주변 환경까지 유네스코 세계문화유산으로 지정되었답니다.

베네치아 카니발

베네치아 카니발은 세계적으로 유명한 축제로, 매년 1월 말이나 2월쯤 열려요. 축제 때는 모두 화려한 가면을 쓰고 거리를 돌아다니며 신나게 즐길 수 있답니다. 베네치아의 골목길을 걷다 보면, 마치 옛날 왕자와 공주가 살던 시대로 시간 여행을 떠나는 것 같은 기분이 들어요.

[19-3] 베네치아 카니발

바다 위에 떠 있는 신비한 섬

20. 몽생미셸

[20-1] 몽생미셸
(프랑스, 둘레 약 11km, 높이 약 78.6m, LeifLinding, CC0, 픽사베이)

프랑스의 북서쪽 노르망디 바닷가에는

바다 위에 우뚝 솟은 신비로운 바위섬, 몽생미셸이 있어요.

이 특별한 섬에는 어떤 이야기가 숨어 있을까요?

천사가 지으라 한 수도원, 몽생미셸

[20-2] 육지와 연결된 몽생미셸

약 1,300년 전, 프랑스 노르망디에 살던 오베르 주교는 꿈에서 천사 미카엘을 만났어요. 천사는 "바닷가 바위산 위에 성을 지어라"라고 말했지요. 꿈에서 깨어난 오베르 주교는 그 말대로 예배당을 세웠고, 이것이 바로 몽생미셸 수도원의 시작이 되었답니다. '몽생미셸'은 '성 미카엘의 산'이라는 뜻이에요.

몽생미셸 근처 바닷가는 우리나라 서해처럼 밀물과 썰물의 차이가 아주 심해요. 물이 차오르면 바닷물이 성을 둘러싸 섬처럼 보이고, 물이 빠지면 넓은 갯벌이 드러나 걸어서 들어갈 수도 있어요. 그래서 사람들은 몽생미셸을 바다 위의 마법의 성처럼 신비롭게 느낀답니다.

이곳은 오랜 역사와 전설, 특별한 자연환경, 아름다운 건축물이 함께 어우러져 지금도 전 세계 사람들의 사랑을 받는 유명한 세계문화유산이에요. 몽생미셸은 옛날 사람들의 생활과 믿음을 지금까지 잘 간직하고 있는 곳이에요. 그래서 많은 사람들은 이곳을 단순한 관광지가 아니라, 꼭 지켜야 할 소중한 문화유산이라고 생각한답니다.

[20-3] 돌벽으로 감싼 바위섬, 몽생미셸

시대에 따라 다양한 역할을 한 몽생미셸

몽생미셸은 중세 시대에는 성지순례를 떠나는 사람들이 모여드는 종교의 중심지였어요. 이후 프랑스와 영국 사이에 전쟁이 벌어졌을 때는, 튼튼한 돌 성벽 덕분에 쉽게 공격당하지 않아 요새의 역할을 하기도 했지요. 그러나 프랑스 혁명 이후에는 수도원이 문을 닫고, 몽생미셸이 감옥으로 사용되기도 했답니다. 지금은 몽생미셸이 유네스코 세계문화유산으로 지정되어, 전 세계 사람들의 관심 속에 소중히 보호받고 있어요.

티끌 모아 태산이 된 높은 언덕의 사원

21. 보로부두르 사원

[21-1] 보로부두르 사원
(인도네시아, Han Sen, CC0, 펙셀즈)

인도네시아의 자바 섬에는 세계에서 가장 큰 불교 사원이 있어요.

이 사원에는 무려 73개의 탑과 1400여 개의 그림 조각이 모여있답니다.

그런데 왜 이렇게 여러 단으로 높게 지어 놓았을까요?

깨달음의 길을 한 칸 한 칸 오르는 보로부두르 불교 사원

보로부두르 사원은 약 1200년 전에 지어진 불교 사원이에요. 세계에서 가장 큰 불교 사원으로 알려져 있어요. 아래에는 5개의 네모난 단이 있고, 그 위로 3개의 둥근 단이 차곡차곡 쌓여 있어요. 맨 꼭대기에는 높은 탑이 서 있지요. 한 단씩 올라가는 길은 부처님의 깨달음에 이르는 길을 뜻한답니다.

[21-2] 스투파와 그 안의 불상

벽을 따라서 천 개가 넘는 그림들이 새겨져 있는데, 불교 경전*에 나오는 이야기들이에요. 마치 돌로 만든 큰 그림책을 읽는 것처럼, 조각들을 보며 한 단씩 오르면 꼭대기에는 스투파들이 가득 들어서 있어요. 스투파는 종 모양의 작은 탑으로, 작은 창들이 나 있어 안을 들여다볼 수 있어요. 스투파 안에는 불상들이 자리 잡고 있어요.

이 사원은 화산이 폭발했을 때 화산재 속에 묻혀 잊혔다가 다시 발견되었어요. 복원을 맡은 학자들은 돌 조각을 하나하나 구분하고, 다시 조립했는데, 그 수가 100만 개나 되었대요. 작은 돌 하나하나가 모여 이렇게 크고 멋진 사원을 완성한 거예요.

[21-3] 사원의 조각 그림

* 경전: 종교에 관련된 중요한 책으로, 교과서 같은 거예요. 예를 들면 기독교의 성경이 있어요.

뱀이 내려오는 신전이 있는 고대 도시

22. 치첸 이차

[22-1] 쿠쿨칸의 신전
(멕시코, Daniel Schwen, CC-BY-3.0, 위키미디어 공용)

멕시코에 살던 마야 사람들이 지은 도시 치첸 이차.

이곳의 쿠쿨칸 신전 앞에 서면 사람들이 박수를 친대요.

멋진 모습에 감탄해서 박수를 치는 걸까요?

아니면 다른 이유가 있을까요?

신전에 달력도, 동물들도 숨어있다고요?

치첸 이차는 옛날 마야 사람들이 살던 도시예요. 공놀이 경기장, 신성한 우물, 전사들의 신전 같은 건물들이 모여 있어요. 이 도시에는 농사를 지으며 살았던 마야 사람들의 지혜와 소망이 담겨있어요. 별 관측소에서는 하늘을 보며 날짜를 계산하고, 신전에서는 축제를 하고, 신에게 제사를 지내며 도시의 복을 빌었지요.

[22-2] 춘분에 나타난 쿠쿨칸 신전 계단의 뱀 그림자

그중에서도 가장 유명한 건 쿠쿨칸의 신전이에요. 이 신전은 바람과 폭풍의 신인 쿠쿨칸에게 제사를 지내던 곳이지요. 마야 사람들은 날짜를 아주 잘 계산했어요. 피라미드의 계단은 네 개의 면에 91개씩, 맨 위에 한 칸을 모두 더하면 365개가 되는데, 바로 1년의 날짜와 같아요. 또 낮과 밤의 길이가 같은 날인 춘분과 추분에는 계단의 그림자가 구불구불 뱀 모양이 되어 맨 아래의 뱀 머리 조각상과 이어진답니다. 정말 신비롭지요?

새가 없는데, 새 소리가 들려요!

[22-3] 퀘찰 새

쿠쿨칸의 신전에는 또 다른 비밀이 숨어 있어요.

계단 앞에서 손뼉을 치면 메아리 소리가 돌아오는데, 마야 사람들이 신성하게 여겼던 퀘찰 새의 소리와 똑 닮았어요.

예술과 건축을 꽃피운 르네상스의 도시

23. 피렌체

[23-1] 피렌체
(이탈리아, dominickvietor, CC0, 픽사베이)

이탈리아 피렌체는 르네상스가 처음 시작된 도시예요.

'르네상스'란 새로운 예술과 생각이 활짝 꽃피운 시대를 말해요.

그렇다면 피렌체에는 어떤 멋진 예술과 건축물이 태어났을까요?

르네상스를 꽃피운 도시

옛날 피렌체의 부자 상인들은 예술을 좋아해 많은 예술가를 도와줬어요. 덕분에 뛰어난 예술가들이 피렌체로 모여들었어요. 그리고 그림과 조각, 건축, 글쓰기, 과학까지 함께 발전하며 새로운 예술의 시대 '르네상스'가 열리게 되었지요.

[23-2] 시청 앞 다양한 조각상

레오나르도 다빈치도 피렌체에서 그림을 배우며 자랐어요. 그는 거리를 걸을 때 떠오르는 생각을 작은 노트에 빽빽하게 그려 넣었어요. 새가 나는 모습을 관찰하며 날개의 움직임을 그리기도 하고, 세상에 없는 신기한 기계를 상상해 스케치하기도 했대요.

미켈란젤로는 거대한 〈다비드상〉을 만든 예술가예요. 조각할 대리석을 고르기 위해 산에 올라 돌을 두드려 소리를 들어보곤 했대요. 돌에서 좋은 소리가 나면 "이 돌은 살아있다!"라고 말할 만큼 아주 열정적이었다고 해요.

[23-3] 베키오 다리

도시에는 작은 가게들이 늘어선 아주 오래된 베키오 다리가 있어요. 커다란 붉은색 지붕이 멋진 두오모 성당, 그리고 골목마다 만날 수 있는 오래된 분수와 조각들이 있어요. 이처럼 피렌체는 도시 전체가 예술로 가득 차서, 살아 있는 박물관이라고 불린답니다.

거대한 두오모 성당의 지붕은 어떻게 완성했을까?

피렌체 사람들은 다른 도시보다 더 크고 멋진 성당을 짓고 싶었어요. 하지만 성당을 너무 크게 지은 나머지, 지붕을 덮을 방법이 없었어요. 그래서 성당은 무려 100년 동안 지붕 없이 텅 빈 채 서 있었답니다. 그러던 중 지붕 만들기 대회를 열었고, 금으로 목걸이와 반지를 만들던 브루넬레스키가 놀라운 아이디어를 내놓았어요. 덕분에 두오모 성당은 지금도 빛나는 거대한 둥근 지붕을 가지게 되었지요.

[23-4] 두오모 성당 지붕

해안 절벽 위 다섯 마을

24. 친퀘테레

[24-1] 친퀘테레
(이탈리아, Kookay, CC0, 픽사베이)

이탈리아의 해안 절벽 위에는 알록달록한

집들이 옹기종기 모여 있어요.

사람들은 왜 이렇게 절벽 위에 모여 살게 되었을까요?

절벽 위 다섯 개의 해안 마을, 친퀘테레

친퀘테레는 이탈리아어로 '다섯 개의 마을'이라는 뜻이에요. 이름처럼 이탈리아 서해안의 높은 절벽 위에 다섯 개의 작고 예쁜 마을이 옹기종기 붙어 있지요. 이 다섯 마을은 오랜 옛날부터 바다에서 고기를 잡던 어부들이 살았던 곳이에요. 이 마을들은 절벽 사이에 숨겨져 있는 듯한 특별한 모습을 하고 있어요. 바다에서 돌아올 때 사람들이 멀리서도 자기 집을 쉽게 찾을 수 있도록 집집마다 빨강, 노랑, 파랑처럼 알록달록 색을 다르게 칠했답니다.

[24-2] 친퀘테레의 자연환경 모습

친퀘테레 북쪽에서 남쪽으로 이어지는 이 마을들은 좁고 가파른 길로 이어져 있고, 집들은 절벽을 따라 층층이 지어져 있어 마치 동화 속 풍경 같아요. 특히 절벽 위 좁은 땅에 포도나무를 심어 계단식 포도밭을 만들었는데, 이곳에서 특별한 와인을 생산합니다. 친퀘테레가 절벽과 험한 바다에 둘러싸여 있어서 옛날에는 사람들이 쉽게 오가기 어려웠어요. 하지만 지금은 마을과 마을을 이어주는 기차가 다니고, 바닷길로는 작은 배도 다닌답니다. 기차를 타면 깎아지른 절벽과 푸른 바다, 그리고 절벽을 따라 이어진 아름다운 포도밭의 멋진 풍경을 한눈에 볼 수 있어요.

12년 만에 열린 사랑의 길

친퀘테레에는 '사랑의 길'이라고 불리는 아름다운 해안 산책로가 있어요. 리오마조레와 마나롤라라는 두 마을을 이어 주는 약 900m 길이에요. 원래는 마을 사람들이 오가던 작은 오솔길이었는데, 누군가 벽에 "사랑의 길"이라고 쓰면서 유명한 관광지가 되었답니다.

이 길은 산사태 때문에 오랫동안 닫혀 있다가, 공사 끝에 12년 만에 다시 열렸어요. 이제는 많은 사람들이 다시 바다 풍경을 즐기며 사랑의 길을 걸을 수 있어요.

사람들의 믿음이 지은 불교의 도시

25. 바간

[25-1] 바간의 모습
(미얀마, Philip Nalangan, CC BY 4.0, 위키미디어 공용)

미얀마의 도시 바간은

지은 사람도, 모습도 다른 수많은 사원과 탑들로 가득해 아름다운 도시입니다.

2200개가 넘는 도시의 사원과 탑들은

누가, 왜 지은 것일까요?

사원과 탑으로 가득한 도시, 바간

바간은 사원과 탑으로 가득한 도시로 유명해요. 지금으로부터 약 1200년 전, 바간은 미얀마의 수도였어요. 도시 곳곳에 불교와 관련된 사원, 탑이 세워졌지요. 무려 2200개나 되는 건물들이 있어, 이곳을 찾는 사람들은 열기구를 타고 하늘 위에서 수많은 건물들이 빛나는 모습을 구경한대요. 쉐지곤 파야, 탓빈뉴 파야처럼 사원과 탑들은 서로 모습도 다르고, 지은 사람도 달라요. 그런데 왜 이렇게 많은 사람들이 건물을 지었을까요?

그것은 사람들이 '보시'를 통해 복을 빌었기 때문이랍니다. 보시는 가진 것을 나누는 일을 말해요. 작은 보시는 승려들에게 음식을 나누어주는 것이고, 큰 보시는 여러 사람이 함께 쓸 수 있는 사원을 짓는 것이었어요. 그때 사람들이 앞다투어 보시를 한 덕분에, 이렇게 많은 사원과 탑들이 남게 되었답니다. 지금도 미얀마 사람들의 대부분은 불교를 믿고 있어요. 그래서 사원 안에서 사람들이 기도를 드리거나, 승려들에게 보시를 하는 모습을 만날 수 있지요.

[25-2] 쉐지곤 파야

[25-3] 탓빈뉴 파야

왕비의 눈물과 동물원이 있던

26. 런던 탑

[26-1] 런던 탑
(영국, 김지영 제공)

영국 런던 한가운데에는 무려 천 년 동안 서 있는 아주 오래된 성이 있어요.

그 이름은 바로 '런던 탑'이에요.

그렇다면 이 성에는 어떤 놀라운 이야기들이 숨어 있을까요?

왕의 성에서 박물관이 된 런던 탑

처음에 런던 탑은 왕이 머무는 성이자 튼튼한 요새였어요. 1066년, 프랑스에서 온 정복왕 윌리엄 1세가 영국을 차지한 뒤, 자신의 힘을 보여주고 몸을 지키기 위해 하얀 돌로 된 화이트 타워를 세웠지요. 이 탑은 높고 단단해서 적들이 쉽게 공격할 수 없었어요.

[26-2] 런던 탑의 시작, 화이트 타워

시간이 지나면서 런던 탑에는 성벽과 여러 건물이 더해져 점점 더 큰 요새가 되었어요. 1300년대에는 감옥으로도 쓰였는데, 헨리 8세의 왕비이자 엘리자베스 1세의 어머니였던 앤 불린이 이곳에 갇혀 처형당한 슬픈 이야기도 전해져요.

[26-3] 런던 탑의 왕실 동물 조각상

런던 탑은 한때 왕실 동물원이기도 했어요. 사자, 곰, 원숭이 같은 신기한 동물들이 이곳에서 살았답니다. 지금은 런던 탑이 박물관이 되어 옛 갑옷과 무기들이 전시되고 있어요. 그래서 많은 사람들이 이곳을 찾아와 영국의 역사와 문화를 직접 배우고 있답니다.

런던 탑의 특별한 수호자인 까마귀

런던 탑에는 특별한 수호자인 까마귀가 살고 있어요. 전설에 따르면, 만약 이 까마귀들이 모두 사라지면 영국이 위험에 빠진다고 해요. 그래서 지금도 런던 탑 안에는 언제나 6마리 이상이 살고 있고, '레이븐 마스터'라는 관리인이 까마귀들을 돌보고 있답니다.

[26-4] 런던 탑의 특별한 수호자인 까마귀
(AI 생성 이미지)

정글 속 숨겨져 있던 신들의 궁전

27. 앙코르와트

[27-1] 앙코르와트
(캄보디아, 1300m×1500m, mrsakchai, CC0, 픽사베이)

앙코르와트는 캄보디아 정글 속에 숨겨져 있던 아주 큰 옛 신전이에요.

신전 안에는 돌로 만든 건물과 신비한 조각들이 가득하지요.

어떻게 정글 한가운데에서 돌을 구해서 신전을 지었을까요?

코끼리와 뗏목으로 지은 거대한 신전

앙코르와트는 약 900년 전, 캄보디아의 왕이 신을 위해 만든 신전이에요.

사람들은 40km나 떨어진 산에서 커다란 돌을 가져왔어요. 돌을 옮기기 위해 물길을 만들고, 대나무 뗏목에 실어 오거나 코끼리를 이용했다고 해요. 그렇게 신전을 완성하는 데 30년이 걸렸대요.

[27-2] 앙코르와트를 하늘에서 본 모습
(AI 생성 이미지)

앙코르와트는 네모난 물길로 둘러싸여 있고, 긴 복도 벽에는 신과 전쟁 이야기가 새겨져 있어요. 또 손끝까지 아름답게 춤추는 여신 '압사라' 조각도 보이지요. 신전 한가운데의 높은 돌탑들은 신의 세계를 상징해요.

[27-3] 춤추는 여신 압사라 조각

세월이 흐르며 앙코르와트는 점점 잊혀 갔어요. 커다란 나무뿌리가 벽을 감싸고, 원숭이들이 그 위에서 놀았지요. 500년 후, 프랑스의 한 탐험가가 정글 속에 숨어 있던 이 신전을 발견했어요. 지금은 캄보디아를 대표하는 자랑스러운 문화유산이 되었답니다.

앙코르와트를 통해 알아보는 캄보디아 국기

[27-4] 캄보디아 국기

- 파란색: 왕실과 자연
- 빨간색: 민족과 국가를 위한 희생
- 하얀색: 국가 종교(불교)
- 앙코르와트: 캄보디아의 역사, 민족과 문화의 위대함을 상징

기울어져서 더 신비로운

28. 피사의 사탑

[28-1] 피사의 사탑
(이탈리아, 56.6m, 심유나 제공)

이탈리아 피사에는
기울어진 탑으로
유명한
'피사의 사탑'이 있어요.

탑은 한쪽으로
기울어져 있는데도
수백 년 동안
쓰러지지 않고
그대로 서 있답니다.

그렇다면
피사의 사탑은
왜 기울어졌을까요?

옆으로 기운 신기한 탑, 피사의 사탑

피사의 사탑은 이탈리아 피사에 있는 피사 대성당의 종탑이에요. 1173년에 짓기 시작했는데, 신기하게도 공사 도중부터 탑이 조금씩 옆으로 기울기 시작하면서 전 세계 사람들의 주목을 받게 되었어요. 그러면 왜 탑이 기울어지게 된 걸까요?

[28-2] 무거운 대리석으로 지어진 피사의 사탑

피사는 이탈리아 서쪽 바닷가에 있는 도시인데, 옛날에는 바닷물이 들어오던 늪지대였어요. 그래서 땅이 단단하지 않고, 진흙과 모래, 점토로 되어 있었지요. 그런 땅 위에 높이 약 56미터나 되는 무거운 대리석 탑을 세우다 보니, 부드러운 땅이 무게를 버티지 못하고 한쪽이 천천히 꺼지면서 탑이 기울기 시작한 거예요.

시간이 지나면서 탑이 쓰러질 만큼 위험해지자, 이탈리아 정부는 과학자와 건축가들과 함께 탑을 지키기 위한 큰 공사를 했어요. 오랜 연구와 공사 덕분에 피사의 사탑은 지금도 기울어진 채로 쓰러지지 않고 남아 있답니다.

[28-3] 피사의 사탑 꼭대기를 바라본 모습

피사의 사탑을 어떻게 바로 세우려 했을까요?

과학자들과 건축가들은 피사의 사탑이 더 이상 기울지 않도록 여러 가지 방법을 사용했어요. 먼저, 탑이 기울어진 반대쪽에서 강철 줄로 잡아당겨 넘어가지 않게 했어요. 또 반대쪽 땅에는 무거운 추를 올려 균형을 맞췄지요. 마치 기울어진 시소의 반대쪽에 사람이 앉아 균형을 맞추는 것과 같았어요. 그리고 기울어진 방향의 땅을 조금씩 파내는 작업도 했어요. 이런 노력 덕분에 피사의 사탑은 지금까지 쓰러지지 않고 안전하게 서 있답니다.

절벽을 깎아 만든 천 년 전 아파트

29. 절벽 궁전

[29-1] 절벽 궁전
(미국, Andreas F. Borchert, CC-BY-3.0, 위키미디어 공용)

미국의 드넓은 평야 가운데 깎아지른 절벽에는

100명이 넘는 사람이 살 수 있는 집이 있어요.

그런데 사람들은 왜 하필 절벽에 집을 지었을까요?

100명이 함께 살던 절벽 궁전

미국 콜로라도주의 메사 버드 국립공원 안에는 오랜 옛날 이 땅에 살던 사람들이 지은 특별한 집들이 있어요. 놀랍게도 이들은 절벽을 깎아 집을 만들었답니다. 그중 절벽 궁전은 150개가 넘는 방과 23개의 둥근 모임 장소가 있는 큰 건물이에요. 무려 100명이 넘는 사람들이 함께 살았을 거래요. 절벽에 길게 누운 아파트를 상상해 보세요. 각 방에는 작은 문이 나 있어서, 사람들은 사다리를 타고 문으로 올라가 몸을 숙여 드나들었어요.

이 집들은 절벽 속에 지어져 있어 적들의 눈에 잘 띄지 않았고, 작은 문을 통해 밖을 살필 수도 있었지요. 남쪽을 향하고 있어서 겨울에는 햇빛이 오래 들어 따뜻하고, 여름에는 그늘이 져서 시원했어요. 비가 오면 바위 틈에 물이 스며들어 물도 저장할 수 있었답니다. 정말 훌륭한 아파트 같지요?

[29-2] 절벽 궁전의 모습

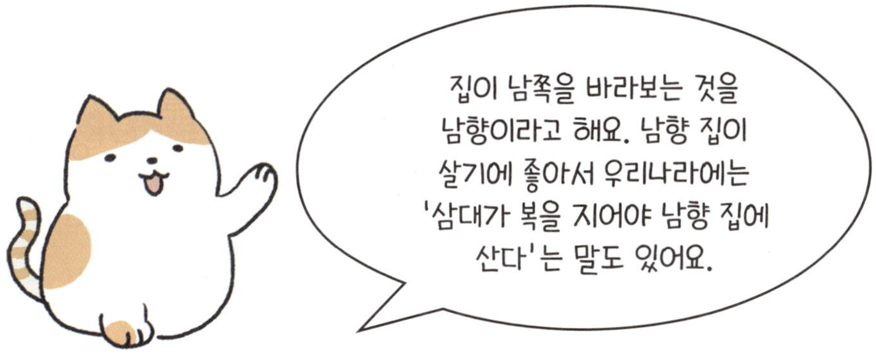

절벽 궁전에 살던 사람들은 어떻게 살았을까?

절벽에 살던 사람들은 푸에블로 사람들이라고 불려요. 푸에블로 사람들은 옥수수와 콩을 심어 먹고, 도자기와 바구니를 만들며 살았답니다. 푸에블로 사람들은 흙으로 빚은 그릇을 모닥불에 구워 단단하게 만들었어요. 컵에 그려진 물결 무늬는 풍요를 뜻해요.

[29-3] 푸에블로 사람들의 도자기

물과 화려한 무늬로 가득 찬

30. 알함브라 궁전

[30-1] 알함브라 궁전
(스페인, christophermw71, CC0, 픽사베이)

스페인의 알함브라 궁전은 예쁘고 화려한 무늬가 가득한 궁전이에요.

이곳은 옛날 이슬람 왕들이 살던 특별한 집이었어요.

그렇다면 왕들은 이 궁전을 어떤 방법으로 아름답게 꾸몄을까요?

무늬와 분수가 가득한 알함브라 궁전

알함브라 궁전은 정원과 물, 예쁜 무늬들로 유명한 궁전이에요.

이 궁전은 높은 산 위에 지어졌어요. 옛날 사람들은 산에 쌓인 눈이 녹은 물을 끌어오기 위해 긴 물길을 만들었어요. 그래서 분수와 연못, 물시계까지 만들 수 있었지요. 덕분에 알함브라 궁전은 '물을 부르는 궁전'이라고도 불렸고, 흐르는 물이 궁전을 시원하게 해 주었어요.

궁전에 들어서면, 벽마다 멋진 무늬가 가득해요. 꼬불꼬불한 아랍 글자, 잎과 덩굴 모양으로 만든 '아라베스크' 무늬가 있어요. 별, 네모, 동물 모양의 알록달록한 타일이 규칙적인 무늬를 만들기도 해요. 특히 타일 무늬는 서로 이어지고 반복되면서 마치 퍼즐처럼 꼭 맞아떨어져요. 이 독특한 무늬는 너무 신기해서 수학자들도 연구할 정도랍니다.

사람들은 이렇게 화려한 무늬로 궁전을 장식해 손님들에게 왕의 힘과 멋을 보여 주었던 거예요.

[30-2] 알함브라 궁전의 벽면
아라베스크 무늬와 타일

알함브라 궁전에서 가장 귀한 '물'의 의미

페인 그라나다 지역은 사하라 사막과 가까워서 날씨가 건조하고 물이 아주 귀했어요. 그래서 이슬람 사람들에게 물은 '평화'와 '천국'을 의미했지요. 왕이 머무는 곳인 만큼, 궁전 안에는 귀한 물로 만든 아름다운 연못과 분수, 그리고 물시계까지 있었답니다.

[30-3] 사자의 분수

[30-4] 미르텔 궁정

[30-5] 헤네랄리페 정원

중세로 떠나는 시간 여행

31. 프라하 성

[31-1] 프라하 성
(체코, peter89ba, CC0, 픽사베이)

체코의 수도 프라하에 있는 프라하 성은 천 년이 넘는 역사를 가진 특별한 성이에요.

예술과 전통, 문화를 간직한 체코의 상징이지요.

체코의 보물인 프라하 성에는 어떤 멋진 특징들이 있을까요?

천 년의 시간을 지켜온 프라하 성

유럽 한가운데 있는 나라 체코의 수도 프라하에는 천 년이 넘는 세월 동안 그 자리를 지켜 온 웅장한 성이 있어요. 바로 프라하 성이에요. 프라하 성은 9세기 무렵부터 지어지기 시작했는데, 지금도 대통령이 일하고 공식 행사가 열리는 곳으로 쓰이고 있답니다.

[31-2] 여러 건물이 모여 있는 프라하 성

프라하 성은 건물 한 채가 아니라, 성당, 왕궁, 정원, 골목이 모여 있는 거대한 마을 같아요. 그 안에는 뾰족한 탑과 아름다운 스테인드글라스로 유명한 성 비투스 대성당, 알록달록한 집들이 줄지어 있는 황금 소로, 그리고 전설이 깃든 둥근 탑인 달리보르의 탑 같은 볼거리가 가득하지요.

[31-3] 성 비투스 대성당

프라하 성에 들어서면 마치 중세 시대로 시간 여행을 떠난 듯한 느낌이 들어요. 그래서 이곳은 체코의 역사와 전통이 살아 있는 상징 같은 곳이며, 지금도 전 세계 사람들이 찾아와 과거와 현재가 만나는 특별한 순간을 경험하고 있답니다.

프라하 성에 전해 내려오는 '달리보르의 전설'

체코 프라하 성에는 오래전부터 달리보르라는 귀족의 전설이 전해져요. 그는 억울하게 달리보르 탑에 갇혔지만 희망을 잃지 않고 감옥에서 스스로 바이올린을 배워 연주했어요. 그의 슬프면서도 아름다운 연주 소리는 많은 사람들의 마음을 울렸지요. 지금도 탑 근처에 가면, 마치 달리보르의 바이올린 소리가 들리는 듯해요.

거대한 얼굴 조각상

32. 모아이 석상

[32-1] 모아이 석상
(칠레, Aurbina, CC0, 위키미디어 공용)

태평양의

아주 작은 섬,

칠레의 이스터섬에는

커다란 얼굴 모양의

돌들이 줄지어 서 있어요.

옛날 사람들이

조상님을 기리기 위해

만든 조각상이에요.

사람들은

이렇게 무거운 돌을

어떻게

옮기고 세웠을까요?

섬을 지켜주는 돌 거인, 모아이 석상

모아이 석상은 칠레의 이스터 섬에서 라파누이족이 약 800년 전에 만든 돌 조각이에요. 지금도 600개가 넘는 모아이들이 남아 있답니다.

[32-2] 땅속에 묻힌 채 발견된 모아이

모아이의 모습은 다양해요. 얼굴과 어깨만 있는 것도 있고, 모자를 쓴 것도 있어요. 땅속을 파 보니 긴 몸통과 팔까지 묻혀 있는 것도 있었지요. 어떤 모아이에는 배꼽이나 팔에 문양이 새겨져 있기도 해요.

모아이들은 대부분 화산에서 나온 돌로 만들었어요. 하얀 산호와 검은 돌을 이용해 눈을 넣으면, 그때부터 모아이가 '영혼을 가진 수호자'가 된다고 믿었어요.

[32-3] 바다에 줄지어 서 있는 모아이

모아이들은 주로 바닷가에 나란히 줄지어 서 있어요. 모두 바다를 등지고, 섬 안쪽을 바라보고 있어요. 그렇다면 모아이들은 왜 서로 다른 모습으로, 또 바다를 등지고 서 있을까요?

거대한 얼굴 조각들을 어떻게 옮길 수 있었을까?

모아이 석상은 옛날 사람들이 조상님을 기리기 위해 만들었다고 해요. 놀랍게도 그때는 바퀴도, 기계도 없었어요. 여러 전설이 전해지는데, 그중 하나는 모아이에게 밧줄을 묶어 왼쪽, 오른쪽으로 흔들면서 마치 '엉덩이 춤'을 추듯 움직였다는 거예요. 하지만 정말 그렇게 옮긴 걸까요?

[32-4] '엉덩이 춤' 추며 옮겨지는 모아이 (AI 생성 이미지)

하늘에 더 가까이

33. 밀라노 대성당

[33-1] 밀라노 대성당
(이탈리아, AWombl, CC0, 픽사베이)

이탈리아 밀라노에는 하늘로 뾰족하게 솟은 첨탑들과 햇빛에 반짝이는 거대한 성당이 있어요.

이 성당은 수많은 장인들이 몇 세기 동안 힘을 모아 지은 건물이랍니다.

그렇다면 옛날 사람들은 왜 이렇게 크고 웅장한 성당을 지으려 했을까요?

조각과 빛으로 가득한 밀라노 대성당

밀라노 대성당은 이탈리아 밀라노에 있는 아주 크고 역사 깊은 건축물이에요. 이 성당은 무려 1386년에 짓기 시작해 약 600년 넘게 공사가 이어진 성당입니다. 이렇게 오랜 시간 동안 여러 시대의 건축가와 장인들이 힘을 합쳤기 때문에, 성당에는 다양한 시대의 건축 기술과 예술이 고스란히 담겨 있어요.

[33-2] 밀라노 대성당의 첨탑

성당의 바깥을 보면 하늘을 향해 뾰족하게 솟아 있는 첨탑이 무려 135개나 있어요. 이 수많은 첨탑과 함께 성당 전체에는 약 3,400개가 넘는 조각상들이 장식되어 있습니다. 밀라노 대성당은 이처럼 셀 수 없이 많은 첨탑과 화려한 조각들 덕분에 마치 하늘에 닿을 것처럼 웅장하게 보인답니다.

[33-3] 밀라노 대성당의 조각들

성당 안을 들어서면 그 웅장함에 깜짝 놀랄 거예요. 커다란 돌 기둥들이 쭉 늘어서 있고, 천장은 높고 넓어서 마치 하늘을 덮은 듯한 느낌을 줍니다. 벽에 있는 커다란 창문에는 아름다운 스테인드글라스가 가득해요. 햇빛이 이 유리를 통과하면서 성당 안에 신비롭고 아름다운 색색의 빛을 뿌려줍니다. 이 빛 덕분에 성당 안은 거룩하고 신비로운 분위기로 가득 차게 된답니다. 지금도 밀라노 대성당에서는 예배는 물론, 음악회와 축제 같은 다양한 행사가 열려 많은 사람들이 이곳을 찾고 있어요.

황제들을 지킨 궁궐

34. 자금성

[34-1] 자금성
(중국, REIGNCONCEPT, CC0, 픽사베이)

중국의 수도 베이징에는 아주 넓고 거대한 궁궐, 자금성이 있어요.

이 궁궐은 높고 두꺼운 성벽과 넓은 물길로 둘러싸여 있답니다.

자금성에서는 어떤 사람들이 살고 있었을까요?

황제의 화려한 궁궐, 자금성

자금성은 1400년대 초 명나라 시대에 세워진 황제의 궁궐이에요. 명나라와 청나라 시대를 거쳐 약 500년 동안 24명의 황제가 이곳에서 나라를 다스렸지요.

궁궐은 높이 약 10미터의 붉은 성벽과, 그 주위를 감싸는 넓은 해자로 둘러싸여 있었어요. 해자*는 폭이 약 52미터, 깊이가 6미터나 되는 넓은 물길로, 마치 작은 강처럼 궁궐을 지켜주는 방어막 역할을 했어요.

[34-2] 자금성의 해자

궁궐 안에는 무려 980개의 크고 작은 건물들이 있고 9000개가 넘는 방이 있어요. 모든 건물의 지붕은 황제만 사용할 수 있는 황금빛 기와로 덮여 있어요. 노란색은 황제의 권위와 땅을 상징하는 가장 귀한 색이었지요. 궁궐 곳곳에는 사자상을 비롯해 용, 봉황 같은 상상 속 동물들이 화려하게 새겨져 있어요. 가운데 통로와 건물 배치는 하늘의 질서와 중국 전통에 따라 직선으로 이어지도록 지었답니다.

[34-3] 자금성의 사자상

* 해자: 성 주위에 물길을 파서 적의 침입을 막아주는 방어 시설

황제만 건널 수 있었던 해자의 다리

자금성 해자에는 네 개의 다리가 있었어요. 그중에서 가장 크고 넓은 다리는 황제만 건널 수 있었지요. 다리 주변에는 돌로 만든 사자상들이 줄지어 서 있어요. 사람들은 이 사자들을 '궁궐을 지키는 수호신'으로 여겼어요. 옛날 황제들은 이 다리를 건너며 나라의 평화와 번영을 빌었답니다.

잉카인의 지혜가 담긴 공중 도시

35. 마추픽추

[35-1] 마추픽추
(페루, capobleu2a, CC0, 픽사베이)

구름 낀 높은 산 위에, 수백 년 동안 숨어 있던 신비로운 도시가 있어요.

바로 잉카 문명의 보물, '마추픽추'랍니다.

과연 이 공중 도시에는 어떤 놀라운 비밀이 숨어 있을까요?

구름 속에 숨어 있던 잃어버린 도시, 마추픽추

페루의 높은 안데스산맥에는 구름 속에 숨어 있던 신비로운 도시, 마추픽추가 있어요. 15세기 잉카 제국이 세운 이 도시는 오랫동안 숨겨져 있다가, 1911년 미국의 고고학자 하이럼 빙엄이 발견하면서 세상에 알려졌어요. 그래서 사람들은 마추픽추를 '잃어버린 공중 도시'라고 불러요.

마추픽추는 잉카 문명의 놀라운 기술을 보여줍니다. 잉카인들은 시멘트를 쓰지 않고 돌을 빈틈없이 맞추어 큰 지진에도 무너지지 않게 했어요. 물이 흐를 수 있도록 수로를 만들었고, 산비탈에는 계단식 밭을 만들어 옥수수와 감자를 길렀지요. 또 해시계처럼 쓰인 '인티우아타나'라는 돌기둥은 잉카인들이 태양의 움직임까지 정밀하게 계산했다는 것을 알려 줍니다.

[35-2] 돌을 빈틈없이 꼭 맞추어 쌓은 모습

오늘날 마추픽추는 잉카인의 지혜와 자연과 함께 살아가는 방법을 보여 주는 소중한 세계문화유산이에요. 이곳은 세월이 흘러도 그 모습이 거의 변하지 않아, 옛날 잉카 사람들이 어떤 삶을 살았는지 상상할 수 있게 해 줍니다. 많은 사람들은 마추픽추를 보며 자연을 아끼고 조화롭게 살아가는 삶의 중요함을 다시 한 번 느낀답니다.

잉카인의 특별한 동물, 라마와 알파카

잉카 사람들에게 라마와 알파카는 꼭 필요한 동물이었어요. 라마는 산길에서 짐을 나르는 데 쓰였고, 알파카는 따뜻한 털을 얻어 옷과 담요를 만드는 데 쓰였지요. 또 이 두 동물은 고기와 가죽도 주었기 때문에, 잉카인의 생활에 없어서는 안 될 소중한 존재였답니다.

[35-3] 마추픽추에 살고 있는 라마

세계에서 가장 유명한 그림

36. 모나리자

[36-1] 모나리자
(프랑스, 53cm×77cm, 레오나르도 다빈치, CC0, 위키미디어 공용)

프랑스 루브르 박물관에는 신비한 미소를 띤 여인의 그림이 있어요.

천재 화가 레오나르도 다빈치가 500년 전에 그린 그림이지요.

이 작품은 왜 세계에서 가장 유명할까요?

신비한 미소의 여인, 모나리자

이탈리아어로 '모나'는 '부인'을 뜻하고, '리자'는 그림 주인공의 이름이에요. 그래서 모나리자는 다빈치가 그린 귀족 부인의 초상화예요.

실제 그림 크기는 A4 용지 두세 장을 붙인 정도로 작지만, 한 번 도둑맞았다가 되찾으면서 더 유명해졌어요.

옛날에는 얼굴을 옆모습으로 그리는 경우가 많았는데, 모나리자는 정면을 보고 있어요. 앞모습을 그리려면 표정과 감정을 담아야 해서 훨씬 더 어려웠지요.

게다가 모나리자의 미소는 보는 각도에 따라 다르게 보이는데, 이것 때문에 과학자들도 어떻게 그렸는지 연구할 정도랍니다.

다빈치는 사람의 뼈와 근육까지 연구해 얼굴을 사실적으로 표현했어요. 또 테두리를 흐릿하게 칠해 부드럽고 자연스러운 느낌을 만들었답니다. 이렇게 완성된 모나리자의 신비한 미소와 눈빛은 다빈치의 뛰어난 솜씨 덕분에 탄생한 거예요.

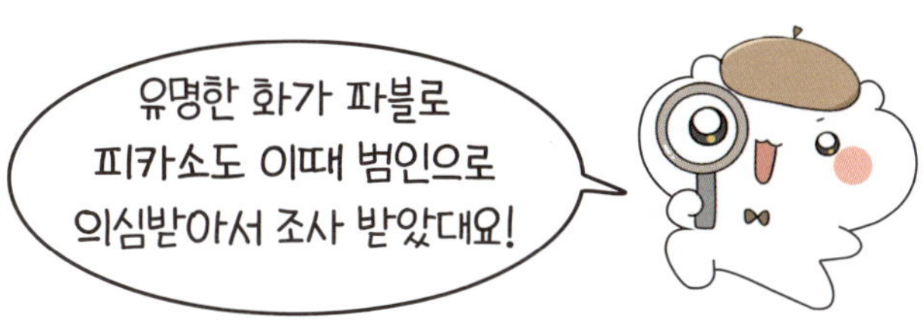

사라졌다가 2년 만에 되찾은 모나리자

1911년, 프랑스 루브르 박물관에서 모나리자가 사라졌어요. 박물관 직원이던 이탈리아인 빈센초 페루자가 훔쳐 자기 집에 2년이나 숨겨둔 거예요. 그러다 이탈리아에서 그림을 팔려고 하다가 잡히면서, 모나리자는 다시 프랑스로 무사히 돌아왔지요. 이 사건 덕분에 모나리자는 세상에서 가장 '유명한 그림'이 되었답니다.

안개처럼 흐릿한 배경

모나리자의 뒤쪽 풍경을 잘 보면, 왼쪽은 산길이고 오른쪽은 들판이에요. 마치 다른 세상이 붙어 있는 것처럼 보여요.

다빈치는 '스푸마토'라는 안개처럼 흐릿하게 칠하는 특별한 방법을 썼어요. 그림이 더 신비하게 느껴지지 않나요?

[36-2] 모나리자 뒤 왼쪽, 오른쪽 배경

EXCELSIOR
Journal Illustré Quotidien
LES ÉTRENNES DE LA FRANCE : LA "JOCONDE" EST REVENUE

[36-3] 모나리자를 되찾은 모습을 담은 프랑스 신문 기사

손끝에서 생명이 태어난 순간

37. 천지창조 중 아담과 이브

[37-1] 천지창조 중 아담의 탄생
(바티칸 시티, Vieriu Adrian, CC0, 스톡 이미지)

바티칸 시티의 시스티나 예배당 천장을 올려다보면,

미켈란젤로가 그린 작품 '천지창조'가 눈앞에 펼쳐져요.

그렇다면 이 그림에는 어떤 이야기들이 담겨 있을까요?

천장에 펼쳐진 ‘천지창조’ 이야기

1508년, 르네상스 시대의 뛰어난 조각가 미켈란젤로는 교황의 부탁을 받고 시스티나 예배당 천장에 그림을 그리기 시작했어요.

천장에 그려진 이야기는 바로 ‘천지창조’예요. 하늘과 땅이 만들어지고, 사람이 태어나고, 실수하고, 쫓겨나는 성경 속 장면들이 이어져 있지요. 그중 가장 유명한 그림은 ‘아담의 창조’예요. 이 장면은 하나님이 처음 만든 사람, 아담에게 생명을 불어넣는 순간을 그린 거예요. 하나님과 아담이 손을 뻗어 서로 손가락이 닿을 듯한 모습이 아주 인상적이에요. 또 ‘이브의 창조’는 하나님이 잠든 아담의 갈비뼈에서 이브를 만들어 내는 순간을 담고 있어요.

시스티나 예배당의 천장화에는 이렇게 하늘과 땅의 시작, 그리고 아담과 이브의 탄생 이야기가 한 편의 그림책처럼 이어져 담겨 있어요. 미켈란젤로는 이 작품을 통해 사람이 어떻게 태어났고, 어떤 존재인지를 그림으로 들려주고 있지요. 그래서 이 천장화는 지금도 전 세계 사람들에게 생명의 소중함과 인간의 이야기를 전해주는 위대한 예술 작품으로 사랑받고 있어요.

[37-2] 시스티나 예배당의 천장화

천지창조를 완성한 미켈란젤로의 끈기와 노력

시스티나 예배당의 높은 천장에 그림을 그리기 위해, 미켈란젤로는 사다리와 발판을 세우고 고개를 젖힌 채 오랫동안 그림을 그렸어요. 목과 등이 아프고, 떨어지는 물감도 계속 맞아야 했지만 그는 포기하지 않았지요. 무려 4년 동안 이어진 노력 끝에 마침내 ‘천지창조’가 완성되었어요. 미켈란젤로의 끈기와 노력 덕분에 지금도 많은 사람들이 감탄하는 위대한 예술 작품이 탄생한 거예요.

[37-3] 천지창조 중 이브의 창조

오아시스처럼 빛나는 도시

38. 이찬 칼라

[38-1] 이찬 칼라
(우즈베키스탄, ほっきー, CC0, 위키미디어 공용)

우즈베키스탄의 히바시에는 성벽으로 둘러싸인 도시가 있습니다.

벽돌 건물 사이로 푸른 타일들이 반짝이고, 빼꼼 고개를 내민 탑들도 보이지요.

이 탑들은 왜 지어진 것일까요?

사막 여행자의 쉼터, 이찬 칼라

우즈베키스탄 히바에는 성벽으로 둘러싸인 성곽도시, 이찬 칼라가 있어요. 튼튼한 성벽은 사막의 바람과 적을 막아주지요. 옛날에는 기차도 비행기도 없어서, 다른 나라와 물건을 사고팔기 위해 낙타를 타고 사막을 가로질러 여행을 해야 했어요. 이찬 칼라는 그런 긴 여행을 떠나기 전에 사람들과 낙타들이 쉬던 도시였어요. 그래서 여행자들에게 무척 특별하고 소중한 곳이었답니다.

이찬 칼라의 벽돌 건물들은 푸른 도자기 타일로 장식되어 있어요. 푸른 타일은 햇빛에 반짝이며 멀리서 도시가 가까워졌다는 신호를 여행자들에게 전해 주었어요. 이찬 칼라의 건물들 중 유명한 탑들이 있는데, 이런 탑들을 '미나렛'이라고 불러요. 미나렛은 기도할 시간을 알리기 위해 세워졌어요. 높은 곳에서는 소리가 멀리까지 전해지거든요. 높은 이슬람 호자 미나렛은 밤에는 등대처럼 불을 밝혀 멀리서 오는 여행자들에게 도시의 위치를 알려주었어요. 또 다른 뭉툭한 미나렛, 칼타 미노르 미나렛은 원래 더 높게 지으려 했지만 끝내 완성되지 못했대요. 하지만 지금은 오히려 이찬 칼라를 대표하는 건물이 되어 많은 사람들의 사랑을 받고 있답니다.

[38-2] 이슬람 호자 미나렛

[38-3] 칼타 미노르 미나렛

하얀 새처럼 아름답고 튼튼한 요새

39. 히메지 성

[39-1] 히메지 성
(일본, 높이 46.35m, Niko Kitsakis, CC BY-SA 4.0, 픽사베이)

일본 효고현 히메지시에 있는 히메지 성은 하얀 색깔 때문에 '하얀 백로의 성'이라고 불려요.

하지만 적들이 쉽게 들어올 수 없는 튼튼한 성이었답니다.

그 이유는 무엇이었을까요?

적을 막아낸 하얀 이슬의 성

히메지 성은 벽을 하얀 석회가루로 만들어서 아주 단단하고 불에도 잘 타지 않았어요. 그래서 성은 멀리서 보면 눈처럼 하얗게 보여 '하얀 이슬의 성', '하얀 백로의 성'이라는 별명을 가지고 있어요.

히메지 성에는 적을 막는 장치들이 많았어요.

성은 넓은 물길로 둘러싸여 있어서 적군이 쉽게 다가오지 못했지요. 또 성으로 들어가는 길은 일부러 굽이굽이 돌려놓아, 적군은 성문이 눈앞에 보여도 길을 잃고 헤매기 일쑤였답니다. 그동안 성 안의 사람들은 높은 곳에서 적의 움직임을 살피며 공격할 준비를 했어요.

성벽도 아주 특별했어요. 부드럽게 휘어져 쌓여 있어서 적군이 성벽을 타고 오르기 어려웠지요. 성 안에는 문이 여러 개 있고, 길이 미로처럼 꼬여 있었어요. 담벼락 곳곳에는 화살과 총알을 쏠 수 있는 작은 구멍도 많이 있었답니다.

이처럼 튼튼하게 지어진 히메지 성은 약 700년 동안 불에도 망가지지 않았고 전쟁 피해도 거의 없었어요. 그래서 지금까지 옛 모습 그대로 남은 일본의 유일한 성이랍니다.

[39-2] 휘어진 성벽 모양

[39-3] 담벼락 화살, 총 구멍

[39-4] 벚꽃이 활짝 핀 히메지 성

벚꽃과 새하얀 성의 아름다운 조화

히메지 성은 일본에서 봄에 벚꽃을 구경하기 좋은 곳이에요. 성 안에는 무려 1,000그루가 넘는 벚나무가 있어요. 봄이 되면 분홍빛 벚꽃 위로 새하얀 성벽이 보여, 최고의 벚꽃놀이 장소가 되지요.

아직 정체를 알 수 없는 돌기둥의 모음

40. 괴베클리 테페

[40-1] 괴베클리 테페
(튀르키예, Teomancimit, CC BY-SA 3.0, 위키미디어 공용)

튀르키예에서 발견된 괴베클리 테페는 무려 1만 2천 년 전

사람들이 만든 신비한 돌기둥들이 모여 있는 곳이에요.

이 곳은 누가, 무엇을 하던 곳이었을까요?

세상에서 가장 오래된 신비한 신전

[40-2] 원 모양으로 서 있는 돌기둥

괴베클리 테페는 사람들이 아직 집도 농사도 짓기 전, 동굴에 살고 사냥하던 시기에 지어졌어요. 이곳에는 커다란 T자 모양 돌기둥들이 원 모양으로 서 있어요. 어떤 기둥은 높이가 6m, 무게가 20톤이나 된답니다. 머리 부분이 더 무거운데, 도대체 어떻게 세운 걸까요?

돌기둥에는 사자, 여우, 뱀, 멧돼지 같은 동물과 사람 모습이 자세히 새겨져 있어요. 이런 돌기둥이 200개 이상 모여 있으니 정말 신기하지요. 당시에는 사람들이 많지도 않았을 텐데, 누가 이런 거대한 건축물을 만들었을까요?

[40-3] 실제 크기의 돌기둥 모형

학자들은 여러 부족이 함께 모여 신을 위한 신전을 지었을 거라 짐작해요. 글자도 바퀴도 없던 시대에 사람들은 어떻게 힘을 모아 이렇게 거대한 신전을 지었을까요? 이처럼 아직도 괴베클리 테페에는 풀리지 않은 비밀이 많이 남아 있답니다.

간단한 돌 도구로 동물 조각을 어떻게 섬세하게 만들었을까?

가장 왼쪽 사진은 1만 2천여 년 전, 신석기 시대 사람들이 사용하던 돌도끼예요. 당시 사람들은 이 도구로 어떻게 이런 동물 조각을 꼼꼼하게 만들 수 있었을까요? 아래 동물 조각 사진에서 독수리, 호랑이, 여우, 멧돼지를 찾아보세요.

[40-4] 돌도끼

[40-5, 6, 7, 8] 동물 조각

사랑으로 지어진 화려한 궁전

41. 타지마할

[41-1] 타지마할
(인도, yosratawakol, CC0, 픽사베이)

인도에는 눈처럼 하얀 대리석으로 만들어진 궁전 같은 무덤, 타지마할이 있어요.

타지마할에는 아름다운 연못과 정원, 그리고 강이 함께 어우러져 있어요.

모두 한 왕비를 위해 지어진 무덤이에요.

그럼 이렇게 멋지고 화려한 무덤은 어떻게 만들어졌을까요?

보석처럼 빛나는 무덤, 타지마할

약 400년 전, 인도의 황제 샤 자한은 사랑하는 왕비를 추모하기 위해 멋진 건물을 세우기로 했어요. 그렇게 만들어진 것이 바로 타지마할이에요. 타지마할은 눈처럼 하얀 대리석으로 지어졌어요. 이곳에는 커다란 둥근 지붕과 네 개의 뾰족한 탑이 있어요. 그 앞쪽에는 길게 뻗은 물길과 아름다운 정원이 펼쳐져 있지요.

이 건물은 페르시아, 이슬람, 인도 문화가 어우러져 있어서 특별해요. 무덤의 벽에는 이슬람 경전인 코란의 글귀가 새겨져 있고, 보석처럼 반짝이는 무늬도 있어서 신비롭고 신성한 느낌을 준답니다.

왕비 뭄타즈 마할은 타지마할의 중앙 무덤에 잠들어 있고, 시간이 흐른 뒤 황제 샤 자한도 왕비 곁, 바로 옆자리에 함께 묻혔어요.

[41-2] 타지마할의 대리석 장식

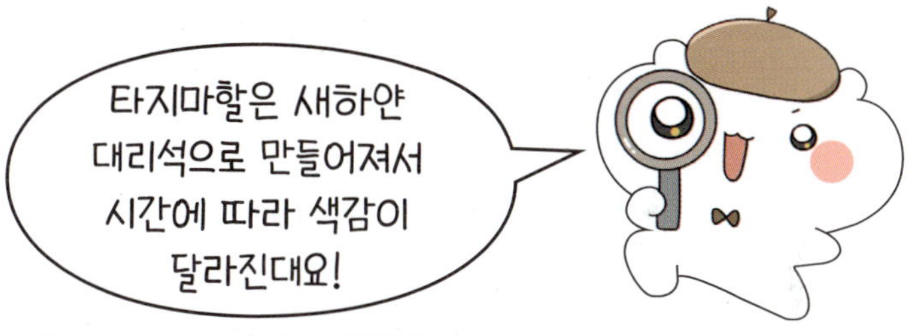

보름달 아래 더 반짝이는 사랑

타지마할은 보름달이 뜬 밤에 특히 더 아름다워요. 달빛이 하얀 대리석 위에 비치면, 타지마할은 마치 꿈속 궁전처럼 반짝이지요. 앞에 있는 연못에도 그 모습이 비쳐서, 한 폭의 그림 같은 풍경이 됩니다. 옛날 인도 사람들은 이 밤에 타지마할에서 소원을 빌면 영원한 사랑이 이루어진다고 믿었어요. 지금도 특별히 야간에 문을 여는 날이면 많은 사람들이 궁전 앞에서 사랑을 빌며 시간을 보낸답니다.

[41-3] 보름달이 뜬 타지마할에서의 연인들(AI 생성 이미지)

가장 화려하고 아름다운 궁전

42. 베르사유 궁전

[42-1] 베르사유 궁전
(프랑스, Ahundt, CC0, 픽사베이)

프랑스 파리 근교의 베르사유에 가면 황금빛으로 빛나는 멋진 궁전을 볼 수 있어요.

궁전 안에는 반짝이는 거울의 방이 있고, 궁전 밖에는 끝없이 넓은 정원이 펼쳐져 있지요.

베르사유 궁전은 왜 이렇게 화려하게 지어진 걸까요?

프랑스에서 가장 화려한 궁전, 베르사유 궁전

[42-2] 거울의 방

베르사유 궁전은 처음에는 왕이 사냥을 하러 올 때 잠깐 쉬는 작은 별장이었어요. 시간이 지나 루이 14세 왕이 이곳을 아주 크게 고쳐 지으면서 프랑스에서 가장 중요한 궁전이 되었지요.

왕은 자기 힘과 부를 자랑하기 위해 궁전을 화려하게 꾸몄어요. 1661년부터 베르사유 궁전을 짓기 시작했는데, 왕은 엄청난 돈을 들여서 건축가와 예술가, 조경가들을 불러들였어요. 궁전 안에 무려 700개가 넘는 방을 만들고, 밖에는 끝이 보이지 않을 만큼 넓은 정원과 분수, 물길을 만들었어요.

방마다 특별한 이름이 있는데, 그중 가장 유명한 곳은 '거울의 방'이에요. 이 방은 73미터나 되는 긴 방으로, 벽에 붙은 578개의 거울 때문에 햇빛이 들어오면 온 방이 반짝반짝 빛나요. 옛날에는 이곳에서 왕의 중요한 파티와 큰 행사가 열렸답니다.

베르사유 궁전에서 향수와 하이힐이 유행했다고?

베르사유 궁전은 겉으로 보기에는 아주 화려했지만, 그 속에는 불편한 점도 있었어요.

하수도와 화장실이 부족해서 사람들이 정원 한쪽에서 몰래 볼일을 보기도 했지요. 그 불쾌한 냄새를 가리기 위해 사람들이 향수를 많이 뿌리면서, 프랑스에서는 향수 산업이 크게 발전했어요.

또 비가 오면 정원과 길이 금세 진흙탕이 되고 더러워졌어요. 옷이나 발이 쉽게 더러워지는 걸 막기 위해 남자 귀족들이 특별한 신발을 신었는데, 그것이 바로 우리가 알고 있는 하이힐이에요.

[42-3] 하이힐을 신은 귀족
(AI 생성 이미지)

바람의 힘으로 일궈낸 마을

43. 풍차마을

[43-1] 킨더드이크 풍차마을
(네덜란드, Daniel Agudelo, CC0, 언스플래시)

네덜란드에는 풍차들로 가득한 마을이 있어요.

풍차는 바람의 힘을 이용해 일하는 장치예요.

왜 이렇게 많은 풍차가 생기게 되었을까요?

바람의 힘으로 물과 싸운 사람들의 지혜, 풍차

네덜란드는 땅이 바다보다 낮은 곳이 많아서, 비가 오면 금방 물에 잠길 수 있어요. 그리고 산이 없어 늘 거센 바람이 부는 곳이지요. 그래서 네덜란드 사람들은 바람의 힘을 이용해 바닷물을 퍼내는 장치를 사용했어요. 그게 바로 풍차랍니다. 풍차는 바람개비처럼 생긴 날개가 바람을 맞아 빙글빙글 돌아가요. 그 힘으로 물도 퍼 올리고, 곡식도 빻고, 기름도 짜고, 나무도 자르고, 돌을 빻아 페인트도 만들 수 있었어요.

[43-2] 킨더드이크 풍차마을의 풍차와 집

"세상은 신이 만들었지만 네덜란드는 네덜란드 사람들이 만들었다."라는 말이 생길 정도로 네덜란드 사람들의 노력과 자부심은 유명해요. 지금은 새로운 기술이 발달해서 풍차가 꼭 필요하지는 않지만, 네덜란드 사람들은 조상들의 지혜와 노력을 기억하기 위해 풍차를 소중한 문화유산으로 지켜오고 있답니다.

풍차로 소식도 전해요

풍차의 날개 방향으로 여러 가지 소식을 전할 수 있어요.

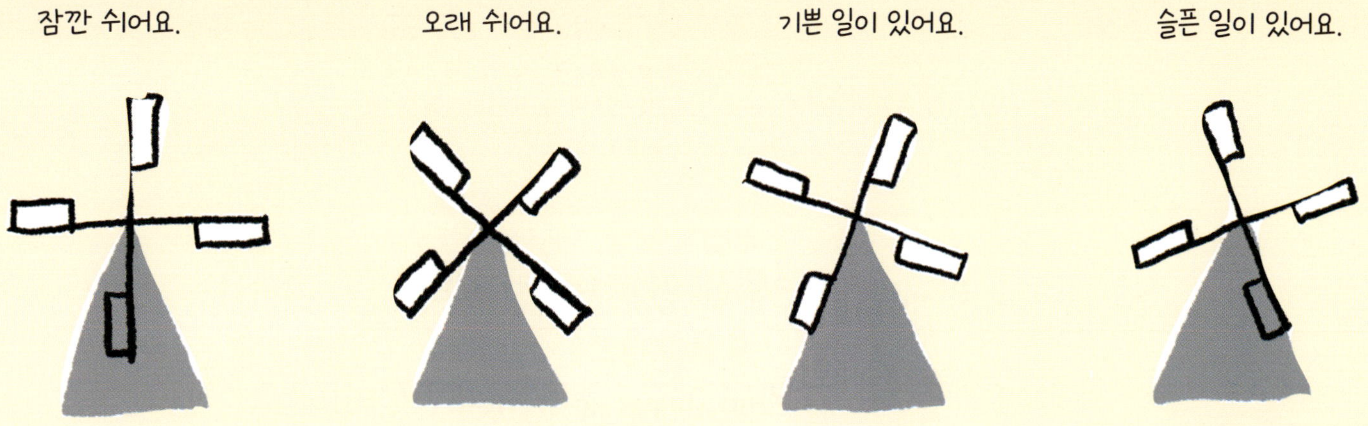

[43-3] 풍차의 날개 방향과 전하는 소식

나라를 튼튼히 지켜온 붉은 요새

44. 크렘린

[44-1] 크렘린 성벽
(러시아, 47m, Bahnfrend, CC BY-SA 4.0, 위키미디어 공용)

러시아 모스크바에 있는 커다란 성벽은

이 도시를 지키기 위해 아주 튼튼하게 세워졌어요.

성벽 사이에 삐죽삐죽 튀어나온 탑들은 왜 있는 걸까요?

20개의 탑과 함께 모스크바를 지키는 크렘린 성벽

크렘린은 도시를 지키는 튼튼한 성벽, 즉 '요새'를 뜻하는 말이에요. 처음에는 나무로 만들었지만, 나중에는 돌과 벽돌로 다시 지으면서 점점 더 튼튼해졌어요. 모스크바가 러시아의 수도가 되면서 크렘린은 나라의 중심이자 심장 같은 중요한 곳이 되었어요. 지금도 러시아 대통령이 크렘린 안에서 일을 하고 있어요.

[44-2] 스파스카야 탑

성벽 사이에 있는 탑들은 적이 공격해 올 때 맞서 싸우기 위해 세운 것이에요. 이런 탑이 무려 20개나 있답니다.

사진 속에 시계가 달린 탑은 스파스카야 탑이에요. 이 탑에는 크렘린으로 들어가는 큰 문이 있어 아주 중요해요. 지금은 나라의 큰 행사가 있을 때 열리고, 새해가 시작될 때는 멋진 종소리와 음악이 울려 퍼진답니다.

쓰이지 못한 커다란 물건들

크렘린 안에는 세계에서 가장 큰 대포와 종이 있어요. 종은 무게가 202톤이나 된다고 해요. 하지만 대포는 전쟁에 사용되지 않았고, 종은 만들어지자마자 깨져 울리지 못했다고 해요.

[44-3] 차르 종.
차르는 '황제'를 뜻하는 말이에요.

하늘을 향한 믿음

45. 쾰른 대성당

[45-1] 쾰른 대성당
(독일, 높이 157m, bea61, CC0, 픽사베이)

독일 쾰른의 라인강 근처의 하늘 높이 솟은 쾰른 대성당이 있어요.

꼭대기가 뾰족뾰족 올라간 독특한 모습 때문에 멀리서도 눈에 띄지요.

사람들이 이 성당을 찾는 이유는 무엇일까요?

고딕 양식의 보물, 쾰른 대성당

쾰른은 중세 시대에 아주 중요한 기독교 도시였어요. 1164년, 이탈리아 밀라노에서 '동방박사의 유골함'이 선물로 오게 되었지요. 사람들은 이 성스러운 유물을 안전하게 모실 크고 아름다운 성당이 필요하다고 생각했어요. 그래서 1248년에 쾰른 대성당 짓기가 시작되었답니다.

하지만 성당을 완성하는 데는 무려 600년이나 걸렸어요. 1880년에 드디어 완성된 쾰른 대성당은 높이가 157m나 되는, 세계에서 세 번째로 높은 성당이에요. 쾰른 대성당은 고딕 양식 건축의 대표작이에요. 고딕 양식은 중세 유럽에서 성당이나 교회를 지을 때 쓰던 특별한 스타일로, 하늘을 찌를 듯한 뾰족한 탑, 알록달록 빛나는 스테인드글라스, 길쭉하고 둥근 아치가 특징이에요. 이렇게 높고 화려하게 지은 것은 하느님께 마음을 전하고 싶었던 뜻을 담고 있답니다.

쾰른 대성당은 중세 사람들의 믿음이 담긴 예술 작품이자, 인류가 함께 지켜야 할 소중한 세계문화유산이에요.

[45-2] 검게 그을린 쾰른 대성당의 외벽

알록달록한 빛의 예술, 스테인드글라스

스테인드글라스는 여러 가지 색깔의 유리 조각을 이어 붙여 만든 화려한 그림이에요. 주로 교회나 성당의 큰 창문에서 볼 수 있지요. 햇빛이 비치면 색깔이 더욱 빛나서 무지개처럼 아름답게 보여요. 쾰른 대성당 안에 있는 스테인드글라스에는 예수님의 탄생부터 죽음까지의 성경 이야기가 아름답게 담겨 있답니다.

[45-3] 쾰른 대성당 안의 스테인드글라스

동화 속에 나온 듯한

46. 노이슈반슈타인 성

[46-1] 노이슈반슈타인 성
(독일, 높이 65m, Pexels, CC0, 픽사베이)

독일 바이에른주의 울창한 숲 속, 산 중턱에는 노이슈반슈타인 성이 있어요.

이 성은 동화 속에서 튀어나온 것처럼 아름다워서 아주 유명하지요.

이 성에는 어떤 특별함이 있을까요?

백조의 전설이 깃든 아름다운 성

노이슈반슈타인 성은 이름 그대로 '새로운 백조의 성'이라는 뜻이에요. 이 성은 독일 남부 알프스산맥 끝자락에 있는 슈반가우 마을에 세워졌어요. 주변에는 백조가 사는 맑은 호수와 푸른 숲이 있어, 이름과 잘 어울리지요.

19세기, 바이에른 왕국의 루트비히 2세 왕은 정치보다 그림과 음악 같은 예술을 더 사랑했어요. 그래서 어린 시절의 추억과 꿈을 담아 이 성을 짓기 시작했지요. 옛날 성들은 전쟁을 대비해 지어졌지만, 루트비히 2세의 성은 예술과 평화를 위한 공간이었어요. 왕은 특히 오페라 작곡가 바그너의 작품을 좋아했는데, 성 안에는 바그너 오페라의 이야기를 담은 벽화와 멋진 예술 작품이 가득해요. 또 왕이 좋아하던 백조 모양 장식품도 방마다 많이 볼 수 있답니다.

노이슈반슈타인 성은 동화 속 성처럼 신비롭고, 아름다운 자연과 잘 어우러져서 지금도 세계에서 가장 아름다운 성 중 하나로 꼽히고 있어요.

독일어로 노이(Neu)는 새로운,
슈반(Schwan)은 백조,
슈타인(Stein)은 돌을 뜻해요.

[46-2] 동화 속 분위기를 자아내는 노이슈반슈타인 성

왕이 사랑한 바그너의 오페라 '로엔그린'

루트비히 2세 왕은 특히 오페라 작곡가 바그너의 작품 '로엔그린'을 아주 좋아했어요. 이 오페라에는 백조가 끄는 배를 타고 나타나는 기사가 나와요. 왕은 이런 신비롭고 정의로운 이야기에 푹 빠져 있었지요. 예로부터 백조는 순결과 빛을 상징했어요. 왕에게 백조는 고향과 전설, 그리고 자신의 꿈과 이상을 담은 특별한 존재였답니다. 그래서 성 곳곳에도 백조 모양 장식과 그림이 가득해요.

QR 코드를 스캔해
노이슈반슈타인 성을
3D로 구경해 보세요!

파리의 상징

47. 에펠탑

[47-1] 에펠탑
(프랑스, 높이 330m, 류재만 제공)

에펠탑은 프랑스 파리를 대표하는 유명한 건축물이랍니다.

커다란 철탑이 하늘로 쑥 솟아 있어서 멀리서도 금방 알아볼 수 있지요.

이 멋진 에펠탑은 어떻게 만들어졌을까요?

과학과 예술이 만난 거대한 탑, 에펠탑

에펠탑은 프랑스의 공학자(엔지니어) 귀스타브 에펠이 만든 거대한 철탑이에요. 1889년, 프랑스 혁명 100주년을 기념해 열린 파리 세계박람회를 대표하는 기념물로 세워졌지요.

원래는 박람회가 끝난 뒤 20년만 쓰고 철거할 계획이었어요. 하지만 에펠탑은 생각보다 쓸모가 많았지요. 과학자들은 높은 탑을 이용해 바람과 공기의 움직임을 연구하고, 낙뢰(번개)를 관찰했어요. 또 꼭대기에 무선 안테나를 달아 멀리까지 신호를 보낼 수 있었답니다. 그래서 에펠탑은 철거되지 않고, 오늘날까지 안전하게 지켜지고 있어요.

처음 완성되었을 때, 에펠탑은 세계에서 가장 높은 건물이었어요. 지금도 꼭대기 안테나까지 330m나 되는데, 이는 81층 건물과 비슷한 높이예요. 낮에는 하늘을 찌를 듯 웅장하며, 밤에는 반짝이는 불빛으로 파리를 아름답게 밝혀 주는 멋진 건축물이랍니다.

[47-2] 튼튼한 철골 구조물인 에펠탑

에펠탑 속에는 무엇이 있을까요?

에펠탑에는 1층·2층·3층, 세 개의 전망대가 있어요. 1층(57m)에는 유리 바닥이 있어 발밑이 훤히 보여 짜릿한 느낌이 들어요. 2층(115m)에서는 개선문과 루브르 박물관이 한눈에 들어와요. 마지막 3층(약 276m)에 오르면 파리 시내가 손바닥처럼 펼쳐져요.

[47-3] 밤이 되면 반짝이는 조명으로 빛나는 에펠탑

자연을 본뜬 성당

48. 사그라다 파밀리아

[48-1] 사그라다 파밀리아
(스페인, 높이 170m(예정), C messier, CC BY-SA 4.0, 위키미디어 공용)

스페인에 있는

사그라다

파밀리아 성당은

아주 크고 멋진

성당이에요.

가우디라는

유명한 건축가가

만들기 시작했는데,

아직 완성하지

못했어요.

어쩌다가

140년이 넘도록

짓고 있을까요?

예수의 이야기와 자연을 담은 성당

사그라다 파밀리아는 이름 그대로 '신성한 가족'이라는 뜻이에요. 여기서 말하는 가족은 예수님과 어머니 마리아, 아버지 요셉을 가리킨답니다.

1882년, 스페인의 유명한 건축가 안토니 가우디가 짓기 시작했어요. 그는 예수님과 여러 인물의 모습을 조각해, 성당 자체가 예수님의 이야기를 들려주도록 만들었지요.

가우디는 성당을 자연을 닮은 모습으로 만들고 싶어 했어요. 안에 들어서면 마치 숲속에 들어온 것 같은 기분이 들어요. 기둥은 위로 갈수록 나무처럼 가지를 뻗고, 곧게만 서 있지 않고 살짝 꼬이거나 휘어져 있어요. 햇빛도 숲 사이로 스며드는 빛처럼 기둥 사이로 퍼져 나가지요. 기둥의 수에도 특별한 뜻이 있대요. 예수님의 열두 제자를 나타내기도 하고, 또 세상 여러 나라, 별, 달, 우주를 상징하기도 한답니다.

대성당은 완성하는 데 왜 이렇게 오래 걸리는 걸까?

사그라다 파밀리아는 나라에서 돈을 주고 짓는 건물이 아니에요. 시민들이 기부한 돈과 관광객들이 낸 입장료로 조금씩 지어지고 있어요. 가우디는 자기 돈까지 다 써가며 이 성당을 만들었답니다. 그래서 지금까지도 140년 넘게 공사가 천천히 계속되고 있는 거예요.

[48-2] 성당 밖 예수와 인물의 조각들

[48-3] 성당 안쪽 나무 모양의 기둥과 천장

자유를 밝혀 주는 초록색 여신

49. 자유의 여신상

[49-1] 자유의 여신상
(미국, 약 46m, d97jro, CC0, 픽사베이)

자유의 여신상은
미국의 대표적인
상징물이에요.

자유의 여신상은
머리에 왕관을 쓰고,
한 손에는 횃불을,
또 한 손에는 책을
들고 있어요.

이런 모습의
자유의 여신상은
우리에게
무엇을 말하고 있는
것일까요?

자유와 희망을 전하는 자유의 여신상

미국 뉴욕의 리버티섬에는 아주 큰 조각상, 자유의 여신상이 서 있어요. 이 조각상은 1886년, 프랑스가 미국의 독립 100주년을 축하하며 선물한 것이랍니다. 자유의 여신상은 높이가 약 46m, 무게는 약 225톤이나 되는 거대한 조각상이에요.

자유의 여신상은 오른손에 자유를 밝히는 횃불을 들고 있고, 왼손에는 독립선언서가 적힌 책을 들고 있어요. 이 모습은 자유와 법, 정의를 소중히 여긴다는 뜻을 담고 있지요. 또 여신이 쓰고 있는 왕관에는 7개의 뾰족한 뿔이 있는데, 이것은 세계의 7대양과 7대륙을 나타내지요. 자유가 온 세상에 골고루 퍼지기를 바라는 마음이 담긴 거예요.

자유의 여신상은 미국 사람들뿐 아니라 전 세계 사람들에게도 자유와 희망의 상징으로 사랑받고 있답니다. 지금도 많은 사람들이 이 여신상을 보기 위해 리버티섬을 찾고 있어요. 높이 들린 횃불처럼, 자유의 여신상은 모두에게 빛과 희망을 전해 주고 있답니다.

[49-2] 자유의 여신상

자유의 여신상 안으로 들어갈 수 있을까요?

자유의 여신상은 철골 구조물을 얇은 구리판 조각이 둘러싸고 있는 형태입니다. 에펠탑처럼 철로 뼈대를 만든 것이지요. 내부 철골 구조로 된 자유의 여신상 안에는 계단이 있어서 받침대부터 왕관까지 올라갈 수 있어요.

[49-3] 자유의 여신상 내부 구조
(AI 생성 이미지)

깊은 생각에 잠긴 동상

50. 생각하는 사람

[50-1] 생각하는 사람
(프랑스, 18.9m, Jubelon, CC0, 위키미디어 공용)

프랑스 파리에 무거운 청동으로 만들어진 유명한 동상이 있어요.

턱을 괴고 웅크린 모습인데, 고민이 많아 보이지요.

이 사람은 무슨 생각을 하고 있을까요?

온몸으로 생각의 무게를 표현한 동상

생각하는 사람은 오귀스트 로댕이 만든 청동 동상이에요. 고민에 잠긴 듯 깊이 생각하는 모습으로 유명하지요. 앉아 있지만 쉬고 있는 게 아니라, 온몸에 힘을 주고 애쓰며 생각하는 모습이에요. 생각하는 일은 무거운 짐을 짊어지는 것처럼 힘든 일이니까요. 그래서 작가는 동상에 옷을 입히지 않고, 근육이 드러나도록 만들었답니다. 여러분도 생각하는 사람의 자세를 따라해 보세요. 오른쪽 팔꿈치와 왼팔을 왼쪽 무릎에 올려두고, 몸을 웅크려 보면 마치 운동을 하는 것처럼 힘들답니다.

[50-2] 워싱턴 국립박물관의 생각하는 사람

이 동상은 원래 '지옥의 문'이라는 큰 조각 작품의 윗 부분에 놓여 있었어요. 크기도 작았지요. 처음에는 '시인'이라는 이름을 가지고 있었지요. 시인 단테의 '신곡'이라는 작품에서 지옥을 여행하는 이야기가 나오는데, 바로 그 이야기에서 로댕이 영감을 받아 이 문을 만들었기 때문이에요.

그런데 사람들이 이 동상을 특별히 좋아해서, 로댕이 따로 생각하는 사람이라는 이름을 지어 더 크게 만들었지요. 지금은 세계 여러 나라에 다양한 크기의 동상이 세워져 있어요. 오른쪽 위 사진 속 동상은 미국의 워싱턴에 있어요.

'생각하는 나'는 어떤 모습인가요?

이 사진은 대한민국의 금동반가사유상이에요. 세상의 슬픔을 떠올리며 고뇌에 잠겨 있지요. 로댕의 생각하는 사람과는 어떤 점이 비슷하고 어떤 점이 다른가요? 여러분은 고민이 있을 때 어떤 표정과 동작을 하나요?

[50-3] 금동반가사유상

사진 출처

[1-1] 알타미라 동굴 바이슨 (스페인, janeb13, CC0, 픽사베이)
[1-2] 알타미라 동굴 (스페인, Lissy Burges, CC BY-SA 4.0, 위키미디어 공용)

[2-1] 스톤헨지 (영국, Bernd Feurich, CC0, 펙셀즈)
[2-2] 스톤헨지 (영국, Simon Banton, CC BY-SA 4.0, 위키미디어 공용)
[2-3] 스톤헨지는 이런 모습이었을 거래요(영국, 스톤헨지 복원도, Stukely, 위키미디어 공용, CC0)
[2-4] 스톤헨지 조립하기 (한소현 제공)

[3-1] 피라미드와 스핑크스 (이탈리아, Grade1, CC0, 픽사베이)
[3-2] 많은 돌을 쌓아 만든 피라미드 (이탈리아, Staleybk, CC0, 픽사베이)
[3-3] 큰 돌을 깎아 만든 스핑크스 (이탈리아, TheDigitalArtist, CC0, 픽사베이)

[4-1] 투탕카멘 마스크 (이집트, Roland Unger, CC0, 위키미디어 공용)
[4-2] 투탕카멘 미라에 씌워져 있는 마스크 (The New York Times photo archive, CC0, 위키미디어 공용)
[4-3] 마스크 뒤쪽 상형문자 (Tarekheikal, CC BY-SA 4.0, 위키미디어 공용)

[5-1] 티칼 (47m, 과테말라, Welly Huang, CC0, 펙셀즈)
[5-2] 티칼 (Luis A. Dumois N, CC0, 펙셀즈)
[5-3] 티칼 비석 중의 하나 (HJPD, CC BY 3.0, 위키미디어 공용)

[6-1] 이슈타르 문 (이라크, Dun ALrubaie, CC0, 펙셀즈)
[6-2] 이슈타르 문의 조각들 (독일, Falco, CC0, 픽사베이)

[7-1] 페르세폴리스 (이란, Shimabdinzade, CC0, 픽사베이)
[7-2] 페르세폴리스의 기둥의 조각들 (이란, Shimabdinzade, CC0, 픽사베이)
[7-3] 페르세폴리스에 새겨진 사자와 황소 싸움 (이란, Peggychoucair, CC0, 픽사베이)

[8-1] 파르테논 신전 (그리스, nonbirinonko, CC0, 픽사베이)
[8-2] 파르테논 신전의 돌기둥 (그리스, esarnika, CC0, 픽사베이)

[9-1] 병마용갱 (중국, leeyanzi, CC0, 픽사베이)
[9-2] 전차를 끄는 병마용 (Zossolino, CC BY-SA 4.0, 위키미디어 공용)
[9-3] 모두 다른 병마용의 얼굴 (kevinmcgill, CC BY-SA 2.0, 위키미디어 공용)

[10-1] 만리장성 (중국, liupengda, CC0, 픽사베이)
[10-2] 만리장성의 봉화대 (중국, xiaodong-zhang, CC0, 펙셀즈)

[11-1] 라오콘 군상 (바티칸 시국, 류재만 제공)
[11-2] 라오콘 군상을 발견한 마을 사람들 (AI 생성 이미지)

[12-1] 앗 데이르 (요르단, Jan Simons, CC0, 펙셀즈)
[12-2] 알 카즈네 (요르단, Alex Azabache, CC0, 펙셀즈)
[12-3] 앗 데이르 (요르단, Vincent Peletier, CC0, 펙셀즈)

[13-1] 퐁 뒤 가르 수도교 (프랑스, Benh LEIU SONG, CC BY-SA 3.0, 위키미디어 공용)
[13-2] 스페인 수도교 (Bernard Gagnon, CC BY-SA 3.0, 위키미디어 공용)
[13-3] 트레비 분수 (Diliff, CC BY 3.0, 위키미디어 공용)

[14-1] 콜로세움 (이탈리아, lolsanches, CC0, 픽사베이)
[14-2] 콜로세움의 내부 (이탈리아, 이예진 제공)
[14-3] 콜로세움의 각 층 (이탈리아, Leonhard_Niederwimmer, CC0, 픽사베이)

[15-1] 원형극장 (요르단, dimitrisvetsikas1969, CC0, 픽사베이)
[15-2] 원형극장의 돌 계단 (요르단, dimitrisvetsikas1969, CC0, 픽사베이)

[16-1] 카파도키아 (튀르키예, Hans, CC0, 픽사베이)
[16-2] 버섯바위, 요정의 굴뚝 (Hans, CC0, 픽사베이)
[16-3] 열기구가 뜬 카파도키아 (Timrael, CC0, 픽사베이)

[17-1] 바티칸 시티 (바티칸 시티, 면적 0.44km^2, Davide Cacciatori, CC0, 펙셀스)
[17-2] 사람들에게 인사하고 있는 교황 (바티칸 시티, Annett_Klingner, CC0, 펙셀스)
[17-3] 성 베드로 대성당 (바티칸 시티, ptra, CC0, 픽사베이)
[17-4] 바티칸 시티의 국기 (바티칸 시티, OpenClipart-Vectors, CC0, 픽사베이)

[18-1] 아야 소피아 (튀르키예, Arild Vågen, CC BY-SA 3.0, 위키미디어 공용)
[18-2] 아야 소피아의 돔 (Mathias Reding, CC0, 펙셀즈)
[18-3] 벽 무늬 (Rabe!, CC BY-SA 4.0, 위키미디어 공용)
[18-4] 기둥 장식 (Dosseman, CC BY-SA 4.0, 위키미디어 공용)
[18-5] 모자이크 그림(이예진 제공)

[19-1] 베네치아 (이탈리아, Garten-gg, CC0, 픽사베이)
[19-2] 물길을 다니는 곤돌라 (이탈리아, LunarSeaArt, CC0, 픽사베이)
[19-3] 베네치아 카니발 (이탈리아, IngeGG, CC0, 픽사베이)

[20-1] 몽생미셸 (프랑스, LeifLinding, CC0, 픽사베이)
[20-2] 육지와 연결된 몽생미셸 (프랑스, JimboChan, CC0, 픽사베이)
[20-3] 돌벽으로 감싼 바위섬, 몽생미셸 (프랑스, olivier_P, CC0, 픽사베이)

[21-1] 보로부두르 사원 (인도네시아, Han Sen, CC0, 펙셀즈)
[21-2] 스투파 (인도네시아, CEphoto, Uwe Aranas, CC BY-SA 3.0, 위키미디어 공용)
[21-3] 벽의 조각 (인도네시아, Arabsalam, CC BY-SA 4.0, 위키미디어 공용)

[22-1] 쿠쿨칸의 신전 (Daniel Schwen, CC-BY-3.0, 위키미디어 공용)
[22-2] 춘분에 나타난 쿠쿨칸 신전 계단의 뱀 그림자 (ATSZ56, CC-BY-3.0, 위키미디어 공용)
[22-3] 퀘찰 새 (Jonnathan Marin, CC0, 펙셀즈)

[23-1] 피렌체 (이탈리아, dominickvietor, CC0, 픽사베이)
[23-2] 시청 앞 다양한 조각상 (Peter K Burian, CC BY-SA 4.0, 위키미디어 공용)
[23-3] 베키오 다리 (Ingo Mehling, CC BY-SA 4.0, 위키미디어 공용)
[23-4] 두오모 성당 지붕 (Gary Campbell-Hall, CC BY 2.0, 위키미디어 공용)

[24-1] 친퀘테레 (이탈리아, Kookay, CC0, 픽사베이)
[24-2] 친퀘테레의 자연환경 모습 (이탈리아, dimitrisvetsikas1969, CC0, 픽사베이)

[25-1] 바간 (미얀마, Philip Nalangan, CC BY 4.0, 위키미디어 공용)
[25-2] 쉐지곤 파야 (미얀마, DIMMIS, CC BY-SA 3.0, 위키미디어 공용)
[25-3] 탓빈뉴 파야 (미얀마, Gerd Eichmann, CC BY-SA 3.0, 위키미디어 공용)

[26-1] 런던 탑 (영국, 김지영 제공)
[26-2] 런던 탑의 시작, 화이트 타워 (영국, Ethan Doyle White, CCA, 위키미디어 공용)
[26-3] 런던 탑의 왕실 동물 조각상 (영국, Mike Pennington, CCA, 위키미디어 공용)
[26-4] 런던 탑의 특별한 수호자인 까마귀 (AI 생성 이미지)

[27-1] 앙코르와트 (mrsakchai, CC0, 픽사베이)
[27-2] 앙코르와트를 하늘에서 본 모습 (AI 생성 이미지)
[27-3] 춤추는 여신 압사라 조각 (Gerd Eichmann, CC BY-SA 4.0, 위키미디어 공용)
[27-4] 캄보디아 국기 (Unknown - Cambodia, CC0, 위키미디어 공용)

[28-1] 피사의 사탑 (이탈리아, 56.6m, 심유나 제공)
[28-2] 무거운 대리석으로 지어진 피사의 사탑 (이탈리아, karsten_madsen, CC0, 픽사베이)
[28-3] 피사의 사탑 꼭대기를 바라본 모습 (이탈리아, chikid, CC0, 픽사베이)

[29-1] 절벽 궁전 (미국, Andreas F. Borchert, CC-BY-3.0, 위키미디어 공용)

[29-2] 절벽 궁전 (미국, Andreas F. Borchert, CC-BY-3.0, 위키미디어 공용)
[29-3] 푸에블로 컵 (메트로폴리탄 박물관, CC0)

[30-1] 알함브라 궁전 (스페인, christophermw71, CC0, 픽사베이)
[30-2] 아라베스크 무늬 타일 (Nikater, CC BY-SA 3.0, 위키피디아)
[30-3] 사자의 분수 (jesusgarciapsicologo, CC0, 픽사베이)
[30-4] 미르텔 궁정 (SJTUK, CC0, 픽사베이)
[30-5] 헤네랄리페 정원 (Braunecker, CC0, 픽사베이)

[31-1] 프라하 성 (체코, peter89ba, CC0, 픽사베이)
[31-2] 여러 건물이 모여 있는 프라하 성 (체코, falco, CC0, 픽사베이)
[31-3] 성 비투스 대성당 (체코, PublicDomainPictures, CC0, 픽사베이)

[32-1] 모아이 석상 (칠레, Aurbina, CC0, 위키미디어 공용)
[32-2] 땅속에 묻힌 채 발견된 모아이 (British Museum, CC0, 위키미디어 공용)
[32-3] 바다에 줄지어 서 있는 모아이 (Ian Sewell, CC BY 2.5, 위키미디어 공용)
[32-4] '엉덩이 춤' 추며 옮겨지는 모아이 (AI 생성 이미지)

[33-1] 밀라노 대성당 (이탈리아, AWombl, CC0, 픽사베이)
[33-2] 밀라노 대성당의 첨탑 (이탈리아, Lgraniczny, CC0, 픽사베이)
[33-3] 밀라노 대성당의 조각들 (이탈리아, cains, CC0, 픽사베이)

[34-1] 자금성 (중국, REIGNCONCEPT, CC0, 픽사베이)
[34-2] 자금성의 해자 (중국, BM10777, CC0, 픽사베이)
[34-3] 자금성의 사자상 (중국, xiaoxiao1999, CC0, 픽사베이)

[35-1] 마추픽추 (페루, capobleu2a, CC0, 픽사베이)
[35-2] 돌을 빈틈없이 꼭 맞추어 쌓은 모습 (페루, LoggaWiggler, CC0, 픽사베이)
[35-3] 마추픽추에 살고 있는 라마 (페루, santibertola, CC0, 픽사베이)

[36-1] 모나리자 (프랑스, 레오나르도 다빈치, CC0, 위키미디어 공용)
[36-2] 모나리자 뒤 왼쪽, 오른쪽 배경 (프랑스, 레오나르도 다빈치, CC0, 위키미디어 공용)
[36-3] 모나리자를 되찾은 모습을 담은 프랑스 신문 기사 (Gallica Digital Library, CC0, 위키미디어 공용)

[37-1] 천지창조 중 아담의 탄생 (바티칸 시티, Vieriu Adrian, CC0, 스톡 이미지)
[37-2] 시스티나 예배당의 천장화 (바티칸 시티, Ilia Bronskiy, CC0, 펙셀스)
[37-3] 천지창조 중 이브의 창조 (바티칸 시티, Alina Rossoshanska, CC0, 펙셀스)

[38-1] 이찬 칼라 전경 (우즈베키스탄, ほっきー, CC0, 위키미디어 공용)
[38-2] 이슬람 호자 미나렛 (Fabio Achilli, CC BY 2.0, 위키미디어 공용)
[38-3] 칼타 미노르 미나렛 (Ahmet Hilmi Ermis, CC0, 펙셀즈)

[39-1] 히메지 성 (일본, Niko Kitsakis, CC BY-SA 4.0, 위키미디어 공용)

[39-2] 휘어진 성벽 모양 (Corpse Reviver, CC BY 3.0, 위키미디어 공용)
[39-3] 담벼락 화살, 총 구멍 (Takobou, CC BY-SA 3.0, 위키미디어 공용)
[39-4] 벚꽃이 활짝 핀 히메지 성 (Seattleite7, CC BY-SA 4.0, 위키미디어 공용)

[40-1] 괴베클리 테페 (튀르키예, Teomancimit, CC BY-SA 3.0, 위키미디어 공용)
[40-2] 원 모양으로 서 있는 돌기둥 (E. Kücük, CC BY 4.0, 위키미디어 공용)
[40-3] 실제 크기의 돌기둥 모형 (Cobija, CC BY-SA 4.0, 위키미디어 공용)
[40-4] 돌도끼 (Nationalmuseumofiran, CC BY-SA 4.0, 위키미디어 공용)
[40-5] 동물 조각 (Dosseman, CC BY-SA 4.0, 위키미디어 공용)
[40-6] 동물 조각 (Zhengan, CC BY-SA 4.0, 위키미디어 공용)
[40-7] 동물 조각 (Sue Fleckney, CC BY-SA 2.0, 위키미디어 공용)
[40-8] 동물 조각 (Dosseman, CC BY-SA 4.0, 위키미디어 공용)

[41-1] 타지마할 (인도, yosratawakol, CC0, 픽사베이)
[41-2] 타지마할의 대리석 장식 (인도, balajisrinivasan, CC0, 픽사베이)
[41-3] 보름달이 뜬 타지마할에서의 연인들 (AI 생성 이미지)

[42-1] 베르사유 궁전 (프랑스, Ahundt, CC0, 픽사베이)
[42-2] 거울의 방 (프랑스, dagmarbendel, CC0, 픽사베이)
[42-3] 하이힐을 신은 귀족 (AI 생성 이미지)

[43-1] 풍차마을 (네덜란드, Daniel Agudelo, CC0, 언스플래시)
[43-2] 풍차 (네덜란드, Helena Jankovičová Kováčová, CC0, 펙셀즈)
[43-3] 풍차 날개 방향에 따른 의미 (한소현 제공)

[44-1] 크렘린 (러시아, Bahnfrend, CC BY-SA 4.0, 위키미디어 공용)
[44-2] 스파스카야 탑 (러시아, Влад Саков, CC0, 펙셀즈)
[44-3] 차르 종 (러시아, Ludvig14, CC-BY-3.0, 위키미디어 공용)

[45-1] 쾰른 대성당 (독일, bea61, CC0, 픽사베이)
[45-2] 검게 그을린 쾰른 대성당의 외벽 (독일, Mylene2401, CC0, 픽사베이)
[45-3] 쾰른 대성당 안의 스테인드글라스 (독일, tyskfagetdk, CC0, 픽사베이)

[46-1] 노이슈반슈타인 성 (독일, 높이 65m, Pexels, CC0, 픽사베이)
[46-2] 동화 속 분위기를 자아내는 노이슈반슈타인 성 (독일, Helmut_Kroiss, CC0, 픽사베이)

[47-1] 에펠탑 (프랑스, 높이 330m, 류재만 제공)
[47-2] 튼튼한 철골 구조물인 에펠탑 (프랑스, ullaIBV, CC0, 픽사베이)
[47-3] 밤이 되면 반짝이는 조명으로 빛나는 에펠탑 (프랑스, DUOTONE_, CC0, 픽사베이)

[48-1] 사그라다 파밀리아 (스페인, C messier, CC BY-SA 4.0, 위키미디어 공용)
[48-2] 성당 밖 예수와 인물의 조각들 (DimiTalen, CC0, 위키미디어 공용)
[48-3] 성당 안쪽 나무 모양의 기둥과 천장 (SBA73, CC BY-SA 2.0, 위키미디어 공용)

[49-1] 자유의 여신상 (미국, d97jro, CC0, 픽사베이)
[49-2] 자유의 여신상 (미국, Maudkch, CC0, 픽사베이)
[49-3] 자유의 여신상 내부 구조 (AI 생성 이미지)

[50-1] 생각하는 사람 (프랑스 로댕 박물관, Jubelon, CC0, 위키미디어 공용)
[50-2] 생각하는 사람 (미국, National Gallery of Art, CC0, 위키미디어 공용)
[50-3] 금동미륵반가사유상78-26 (국가유산포털, 공공누리저작물)

저자 소개

류재만

서울교육대학교를 졸업하고 한양대학교 대학원, 단국대학교 대학원에서 석사학위, 홍익대학교 대학원에서 박사학위를 취득하였다. 주요 저서로는 『박물관교육학』, 『우리 미술교육의 이론과 실제』, 『재미있는 문화유산 수업』, 『우리 미술 감상 수업』, 『세계 미술 감상 수업』, 『우리 문화유산 이야기』, 『세계 미술 이야기』, 『우리 미술 이야기』 등 단독 및 공저를 출간하였다. 한국미술교육학회장, 한국초등미술교육학회장, 아세아태평양교육문화융복합회 회장, 국립민속박물관 운영위원, 한국문화예술교육진흥원 중앙교육위원, 서울특별시교육청 문화예술교육자문위원을 역임하였다. 현재 서울교육대학교 명예교수이다.

김지영

공주교육대학교를 졸업하고, 서울교육대학교 교육전문대학원에서 교육학 석사(초등미술교육 전공) 학위를 취득하였다. 현재 경복초등학교에 재직 중이며, 『초등학생이 꼭 알아야 할 세계문화유산 이야기』를 출간하였다.

이예진

이화여자대학교를 졸업하고, 서울교육대학교 교육전문대학원에서 교육학 석사(초등미술교육 전공) 학위를 취득하였다. 현재 화곡초등학교에 재직 중이며, 『초등학생이 꼭 알아야 할 세계문화유산 이야기』를 출간하였다.

한소현

서울교육대학교를 졸업하고, 서울교육대학교 교육전문대학원에서 박물관 미술관교육학 석사 학위를 취득하였다. 현재 경기도교육청 미디어교육센터에 재직 중이며, 『숫자랑 노는 그림 노래』 등을 출간하였다.

한수민

서울교육대학교를 졸업하고, 서울교육대학교 교육전문대학원에서 교육학 석사(초등미술교육 전공) 학위를 취득하였다. 현재 금화초등학교에 재직 중이며, 『초등학생이 꼭 알아야 할 세계문화유산 이야기』를 출간하였다.

초등학생이 꼭 알아야 할

세계문화유산 이야기

2026년 2월 20일 1판 1쇄 인쇄
2026년 2월 28일 1판 1쇄 발행

지은이 • 류재만 · 김지영 · 이예진 · 한소현 · 한수민
펴낸이 • 한정주
펴낸곳 • 교육과학사

경기도 파주시 광인사길 71
전화 • 031)955-6956~8 / 팩스 031)955-6037
Home-page • http://www.kyoyookbook.co.kr
E-mail • kyoyookbook@daum.net
등록 • 1970년 5월 18일 제2-73호

정가 19,000원
ISBN 978-89-254-1962-6

낙장 · 파본은 교환해 드립니다.
Printed in Korea.